# 考えるバスケットボール
# 試合で勝てるパス

考えるバスケットの会
著 中川直之

エクシア出版

# はじめに

## パスの根底にあるのは人生につながる価値観

書籍第5弾となる今作で、実は私が最も書きたかったテーマである「パス」について1冊にまとめることができました。私自身、最も得意とするプレーがパスであり、誰よりもその恩恵を受けてきたからです。そしてそのおかげで日本一を10度達成することができ、現在はパスのコーチとしても活動できています。

本書では、私が大切とするパススキルについて、「そもそもパスとは何か？」というところから思考を掘り下げ、具体的なスキルや駆け引きについては、文字とQRで学べるようにまとめました。

昨今、個の力の強化が唱われ、ドリブルやシュートスキルは高まっています。ところが、パスは割とおざなりにされているように感じます。海外のコーチたちからも、日本の選手は他のスキルと比べると、パススキルが劣る印象を持たれているようです。

往々にして、パスは地味な印象を持たれがちですが、パスは地味でも浅くもありません。手から放たれるボールの軌道だけがパスじゃなく、パスをリリースする前に状況を捉え、DFと駆け引きをし、仲間と意思疎通し、相手が思いもしないタイミング＆スポットにボールを届け、空間を攻めていく。そのすべての過程がパスです。このプロセスはとても面白く、深く、クリエイティブで、チームスポーツバスケットの醍醐味だと思っています。

そんなパスの根底にあるのは、仲間を大切にする気持ちや、チームで協力する姿勢など、人生につながる価値観です。パスの神様、マジック・ジョンソンは「得点は1人をハッピーにし、アシストは2人をハッピーにする」と言っていました。ぜひ本書を通じて、パスの楽しさやパスの可能性に触れ、バスケットの本当の素晴らしさを味わって欲しいと思います。

たくさんの選手やチームが「試合で勝てるパス」を実践し、日本のバスケット界のさらなる発展につながれば幸いです。

それでは今回も一緒に考え、チャレンジしていきましょう！

考えるバスケットの会 会長　中川 直之

守・破・離
FSG
KAISHI
開志学園高等学校
国際アート＆デザイン大学校高等課程
男子バスケットボール部

CONTENTS

# 考えるバスケットボール 試合で勝てるパス


はじめに パスの根底にあるのは人生につながる価値観 …… 2
本書の見方・使い方 …… 9
動画の見方 …… 10

PART 1 よいパスの定義 …… 11
相手のことを考える …… 12
パスは味方と連動するアイテム …… 14
パスはリズムとテンポが大事 …… 16
パスとは他者貢献 …… 18
「コミュニケーション」が取れたパス …… 20
メッセージ性が込められている …… 22
相手をよく見て2手先を読む …… 24
パスは逃げるスキルではない …… 26
全員が意図を理解している …… 28
パスで一番大事なこと、パスから学べること …… 30
コラム01 容赦なくパスを求める得点王 …… 32

PART 2

## パスの種類と意図

パスの種類と意図……33
回すパスとは……34
突くパスとは……36
味方の特性を引き出す動かすパスとは……38
選手をのせるパスとは……40
時間を管理するパスとは……42
意表をつくパスとは……44
フローを創るパスとは……46
コラム02 〝ない〟ではなく〝ある〟に目を向ける……48

PART 3

## 得点に結びつけるパス

得点に結びつけるパス……49
パスでボールと人を動かしてずれを作る……50
意外性のノールックパスで得点チャンスを作り出す……52
ポイントゲッター&キーマンで攻めるためのパス……54
シューターが欲しがるパスを考える……56
インサイドからアウトサイドへのパスが状況を変える……58
ボールを逆サイドに動かしてディフェンスを揺さぶる……60
素早いビッグマンを活かす2つのピックプレー……62
シュート力を持ったビッグマンを活かすピックプレー……64
スクリーンからのダイブで3人目の選手を活かす……66

速攻のパス ―出し手と受け手のポイント― 68
速攻のアウトレットパスのポイント 69
アウトナンバー2対1でのパス 70
ディフェンスが横に並んでいるケース 72
ディフェンスが縦に並んでいるケース 74
コラム03 視野とは意識を置ける場所の数 76

## PART 4 具体的なパステクニック

PART 4 具体的なパステクニック 77
正面で出すパス① チェストパス 78
正面で出すパス② プッシュパス 79
正面で出すパス③ オーバーヘッドパス 80
正面で出すパス④ サイドピック・アンダーピック・オーバーハンドピック 81
正面で出すパス⑤ ピボットパス(オープン、クロス) 82
横を向いて出すパス① ドロップパス 83
横を向いて出すパス② サイドスナップパス 84
横を向いて出すパス③ フックパス 85
横を向いて出すパス④ ビハインドパス 86
横を向いて出すパス⑤ ビハインドネックパス 87
横を向いて出すパス⑥ レッグパス 88
背面に出すパス① 背面スローイングパス 89
背面に出すパス② 背面パスでの合わせ 90

背面に出すパス③ 背面バウンズパス（レッグパス） 91
背面に出すパス④ リバースターンからの背面バウンズパス 92
背面に出すパス⑤ レイアップと見せて背面トス 93
立体から出すパス① ジャンピングパス 94
立体から出すパス② レイアップパス 95
立体から出すパス③ ボードパス 96
ロングパス① ぶん投げパス 97
ロングパス② アンダースローパス（ラメロ） 98
ロングパス③ 山なりパス 99
コラム04 もっと褒めて認めてあげたらいいのに 100

PART 5
# パスでありがちな問題と解決法

パスでありがちな問題と解決法 101
問題1 パスがカットされる 102
問題2 味方からのパスが来ない 104
問題3 囲まれてパスカットされる 106
問題4 パススピード・判断が遅い 108
問題5 パスはどうすれば速くなるのか？ 110
問題6 パスを出すまでの動きがぎこちない 112
問題7 ゴール下に落とすパスがカットされる 114
問題8 選択肢が一つしかない 116
問題9 パスコースが作れない 118

問題10 2、3手先が見えない 120
コラム05 あなたもチームを動かす一人だよ 122

PART 6 受け手が意識すること 123
パスがもらえない選手は動いて声を出す 124
よいキャッチをするためにはボールのコアを捉える 125
5つのDでよいポジション取りをする 126
日頃から速いパス交換でキャッチ力を磨く 128
コラム06 間違ってもいい。まずはやってみよう！ 130

PART 7 パスに対するディフェンス 131
相手の目線やクセを読んでパスカットする 132
ディナイにひと工夫を入れてパスカット 134
相手の戦術を先読みしてパスカット 136
相手のペースを乱してスティールを狙うトラップ 138
ゴール下のプレーをダブルチームで封じる 140
スクエアでボールを動かす選手はカットを狙いやすい 142
おわりに パスは人をつなぐアイテムであり、コミュニケーションが必要不可欠 143

# 本書の見方 使い方

プレーのポイントを写真と文章で紹介しています。

やってしまいがちなプレーやポイントを紹介しています。

このページで紹介するテクニックや考え方です。

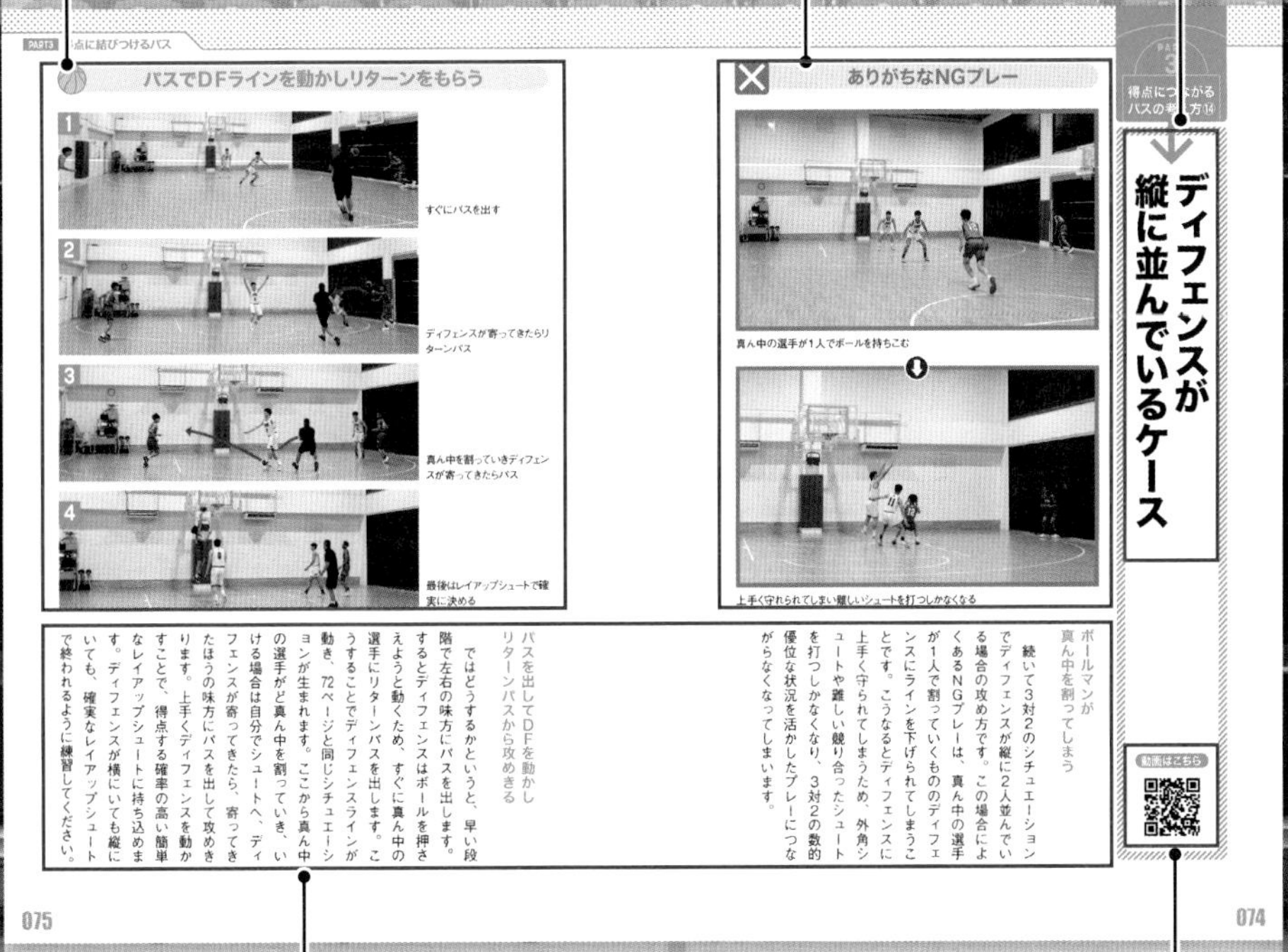
PART 3 得点につながるパスの考え方⑭

ディフェンスが縦に並んでいるケース

ありがちなNGプレー

真ん中の選手が1人でボールを持ちこむ

上手く守られてしまい難しいシュートを打つしかなくなる

ボールマンが真ん中を割ってしまう

続いて3対2のシチュエーションでディフェンスが縦に2人並んでいる場合の攻め方です。この場合によくあるNGプレーは、真ん中の選手が1人で割っていくもののディフェンスにラインを下げられてしまうことです。こうなるとディフェンスに上手く守られてしまうため、外角シュートや難しい競り合ったシュートを打つしかなくなり、3対2の数的優位な状況を活かしたプレーにつながらなくなってしまいます。

動画はこちら

074

PART3 点に結びつけるパス

パスでDFラインを動かしリターンをもらう

1 すぐにパスを出す

2 ディフェンスが寄ってきたらリターンパス

3 真ん中を割っていきディフェンスが寄ってきたらパス

4 最後はレイアップシュートで確実に決める

パスを出してDFを動かしリターンパスから攻めきる

ではどうするかというと、早い段階で左右の味方にパスを出します。するとディフェンスはボールを押さえようと動くため、すぐに真ん中の選手にリターンパスを出します。こうすることでディフェンスラインが動き、72ページと同じシチュエーションが生まれます。ここから真ん中の選手がど真ん中を割っていき、いける場合は自分でシュートへ、ディフェンスが寄ってきたら、寄ってきたほうの味方にパスを出して攻めきります。上手くディフェンスを動かすことで、得点する確率の高い簡単なレイアップシュートに持ち込めます。ディフェンスが横にいても縦にいても、確実なレイアップシュートで終われるように練習してください。

075

このページで紹介している動きやプレーの目的、注意点などを解説しています。

動画のQRコードです。動画の見方は10ページで詳しく説明します。

# 動画の見方

STEP 1
**カメラを起動**

スマートフォンやタブレットのカメラを起動します。または、バーコードリーダー機能のアプリを立ち上げます。

STEP 2
**QRコードを読み取るモードにする**

「読み取りカメラ」など、QRコードを読み取れるモードにします。機種によっては自動で読み取りモードになるものもあります。

STEP 3
**QRコードを写す、かざす**

画面にQRコードが表示されるように合わせます。その状態で少し待ちましょう。

STEP 4
**表示されたURLをタップ**

動画のアドレスが表示されたらタップします。すると動画がはじまります。

## 注意点
CAUTION

①動画を観るときは別途通信料がかかります。Wi-Fi環境下で動画を観ることをおすすめします。

②機種ごとの操作方法や設定に関してのご質問には対応しかねます。ご了承ください。

③動画の著作権は中川直之に属します。個人ではご利用いただけますが、再配布や販売、営利目的の利用はお断りします。

PART 1

# よいパスの定義

よいパスの定義01

## 相手のことを考える

# パス（プレーすべて）に「気配り」「目配り」「心配り」を効かせる

## 自分本位ではなく相手の要望を考える

パス＝ボールを味方に届けることですが、単純にボールを回すのではなく、いろいろな考えを込めています。

よいパスの定義の1つ目は「相手（＝受け手）」のことを考える」ということです。味方の立場に立って「どのようなときにボールが欲しいのか」「どこに出して欲しいのか」「どのタイミングでパスがもらいたいのか」などを考えます。オープンな時は、毎回パスが欲しいだろうし、前に走ったら、ロングパスを投げて欲しいだろう、スクリーンの後が空いていたらパスが欲しいだろう、など常に相手のことを考えてプレーします。もちろんこれはコミュニケーションを取ることで確認できますので、練習のなかで自分の考えと相手の要望が合っていたのかをすり合わせます。

それからパスだけでなくプレーすべてに言えることですが、「気づかい」が大切だと考えています。「取りやすく次のプレーに移行しやすいのはどんなパスだろうか？」「相手がやりたいプレーを助けるパスになっているだろうか？」さらにパスを出す位置や場所、タイミングなど、仲間の視点に立って「考えてパスを出す」ことを意識しています。それが仲間とのよいハーモニーを奏で、よいバスケットにつながります。

よいパスの定義02

## パスは味方と連動するアイテム

# 5人だからこそできるプレーや可能性がある

## パススキルを高めることで全体のプレー速度が高まる

僕の経験から「味方と連動する」という思考が抜け落ちているチームにありがちなプレーとしては、1対1×5個のような動きになってしまいフローが生まれない、パスをもらってても何となく1対1や適当にシュートを打ってしまうなどがあります。

同じ1対1をしているケースでも、例えば2つの考え方があります。①「ボールが来たら目の前のディフェンスを1対1でやっつけないと……あれ？打開できない。どうしよう…」なのか、②「ボールを受けたら1対1でやっつけよう！」「ディフェンスにカバーされてもパスを散らして味方を活かそう！」となっているかでまったく違う出来事になります。①は守られた時点でBadの解釈の中にいます。対して②はカバーに止められてもGoodの解釈を持ってプレーしています。両者の決定的な違いは、1人の世界で考えているか、全体の世界で考えているかです。全体でのプレーを考えられたら、1対1で止められた場合の解釈と打ち手が変わり、必要なスキルが何かが見えてきます。それが「パス」になります。

例えば5対5がいまいちしっくりと来ていないチームには、ドライブからのキックアウトのパススキルやドライブ前段の揺さぶりのパスワークが必要になります。パスを出すという意識と、パスを出す速度（モーションや判断、パス自体の速度や受け手のポジショニング）を修正していくと、一気に連動が生まれてフローを創っていけます。

パススキルを高めることでコート全体のプレー速度が高まり、よりDFを出し抜きやすくなります。仮にドリブルを止めらたり、シュートを阻まれても、パスで仲間と協力すればプレーを継続させて次の一手を狙うことができます。5人だからこそできるプレーや可能性があるのです。

よいパスの定義03

パスはリズムとテンポが大事

# リズムとテンポを大事に、流れるようなパッシングからフローを創る

## 淀みなくボールと人を動かしゲームにフローを創る

オフェンスの効率を高め、チームによい流れを作り出すためには、何よりもリズムとテンポを大事にします。5人で行うバスケットはオーケストラと似ています。個々の力を点ではなく線でつなぎ、さらに面にしてリングに向かいます。淀みなくボールと人が流れるように動けたときはプレーが快適になり、よりGoodプレーにつながりやすいと強く感じています。私はこのようなプレーを「フローを創る」と言っています。

「ディフェンスに差し込まれる前に動き、プレッシャーの軽いスポット（GAP）にテンポよくパスを落とす」。このようにボールを動かし、そこにテンポよく人が連動していくバスケットが理想だと考えています。リズムとテンポを大事に、流れるようなパッシングからフローを創ることで、オフェンスを快適にし、レバレッジ（てこの原理）を効かせることができると確信しています。

このパッシングバスケのお手本にしていたのは、佐藤久夫先生が率いていた仙台大明成高校です。佐藤先生の作るバスケットは本当に美しかったです。パッシングを見ただけで「仙台明成の選手だ！」とわかるぐらい機敏な動作と丁寧なファンダメンタル（基礎）。パス動作やキャッチ、カッティング、穴埋めなどすべての動作が淀みなく洗練されており、本当にパス回しが綺麗です。これはファンダメンタルをきっちり行っている証拠です。「たかがパス」「たかがパッシング」と思うかもしれませんが、佐藤先生が大事にされていた「心」を入れて丁寧に行うことで、素晴らしいバスケットのハーモニーを奏でると思っています。

このことを大切にしたいですね！

よいパスの定義04

# パスとは他者貢献

「個よりも組織」。
そして仲間を認め、
信頼する気持ちが大切

## エゴをなくしたときに本当によいパスが出せる

チームスポーツであるバスケットでは、我欲（エゴ）に走ると勝つことができません。これは、日本一になった自分の経験からも強く思います。エゴをなくしたときに本当によいパスが出せますし、結果的にそれが自分にも返ってきます。僕自身仲間を信頼しきれず、単調で向こう見ずな1on1に走ってしまった時期がありました。この頃はチームとしてまったく勝つことができず、いつも競っていた相手に40点差で負けてしまうこともありました。「何かを変える必要がある」。悩みに悩み、たどり着いた結論はテクニカル論ではなく、「仲間を信頼する」という精神面で自分を変化させていくことでした。それまでの自分本位なプレースタイルを改め、仲間を信頼しなければできないような、パスリリースをたくさん行うようにしました。自分ができるシュートがあっても、同じようにプレーできる仲間にボールをシェアするようにしました。チーム全体のリズムやテンポを考え、オープンマン・セオリー（※）に則り、味方が空いていたらシンプルにパスを出す。これがいちばん強いと改めて実感するようになりました。するとガラッと結果が変わってきたのです。自分の得点やエネルギーは少なくなりましたが、チームは安定して勝てるようになっていったのです。何より一緒にプレーする仲間が、コートで躍動するようになりました。

個々の強みをお互いが理解し、その強みをパスによって意図的に取り出せるようになったのです。そして一時は負け越していたチームでしたが、再び目標としていた社会人日本一を達成できたのです。

この経験から学んだことは「個よりも組織」、そして仲間を認め、信頼する気持ちが大切だということです。みんなで協力しながら考えてバスケットをすれば、チームとしての最適化やピークパフォーマンスが実現できます。そのためにはエゴを捨てたパスが必要です。「ナオと一緒にバスケットをやると本当に楽しい！」。そんな笑顔に触れられるのがパスです。仲間を勝たせて自分もハッピーになる。パスとはボールを届けるプレーであり、Giveすることです。貢献感ややりがいを感じられるのもパスの魅力だといえます。「味方を勝たせる」、そんなフォアザチームの精神を表すパスを僕は大切にしていきたいと思います。

※オフェンスがオープンでいる時は、そのオフェンスにパスをするという意味

よいパスの定義05

## 「コミュニケーション」が取れたパス

# パス＝会話

## 毎日の練習を通して意思の疎通を図る

当たり前ですが、パスは一人ではできません。受け手がいてはじめてパスが成立します。そのために必要となるのは「コミュニケーション」です。こちらの一方的な都合や、タイミングでパスを出しても立ち行きません。コート上の選手とは常にコミュニケーションを取り、意思疎通を図ることが大切です。「パス＝会話」と言っても過言ではありません。

具体的には「アイコンタクト」をしたり、「言葉やジェスチャー」でどのように動いて欲しいかを伝えたり、その都度「どう動いて欲しいのか」「どう合わせて欲しいのか」を伝え、タイミングよくパスを通せるように意思の疎通をします。

逆にパスを受ける側は「どこにどのタイミングで出して欲しいのか」「自分の次のプレーの意図は何なのか」などを伝え、食い違いがないよう、コミュニケーションに合わせて意思の疎通を図ります。

僕は毎日の練習では、この作業が最も大切だと考えています。そうすることで、初めて一緒にプレーをする選手とでは絶対に生まれない、コミュニケーションが取れているからこそできる仲間たちとの「パスからの連携やスコア」といったプレーが生まれます。これを「〝無〟から〝有〟が生まれる」と言っていますが、味方と協力して最適なプレーを創造していくのがバスケットの醍醐味です。パスは一人では完結しません。バスケットも一人ではできません。ぜひコートの仲間とコミュニケーションを取り、味方と織りなす最高のプレーを創造していきましょう

よいパスの定義06

メッセージ性が込められている

# パスはコミュニケーションのアイテム

## パスの1つひとつにメッセージを込める

20ページでコミュニケーションの重要性をお伝えしましたが、パスでも意思を伝えることができます。僕は「メッセージを込めたパス」と言っていますが、パスを受けた選手に、「シュートを打たせたい」「前に走らせたい」「ポストアップで強くアタックさせたい」「空中に飛び出してアリウープさせたい」などをパスで伝えることができます。

例えばシュートを打って欲しい場合には、胸元に丁寧に縫い目を合わせたパスを出しますし、走って欲しければ前方に飛びつくようなリードパスを投げます。ゴール下の裏のスペースを攻めて欲しい場合には、空間にロブパスを投げたりします。

このように「パスを出す位置」や「タイミング」「速さ」「出し方」「雰囲気」などのすべてに意図を持たせ、どのようにして欲しいのかという細部の情報を伝えます。そうすることで、円滑な意思の疎通のもと、パスによるスコアやチャンスを生み出していくことができます。パスはコミュニケーションのアイテムです。ぜひパスを通じて、コートの仲間に自分の考えや意志を伝えていってください。

意図を持ったパスの交換にチームが慣れてくると、パスの〝感じ〟でこちらの意図やディフェンスの状況を理解してくれ、阿吽の呼吸でシュートまで持っていってくれるようになります。そこまでパスを通じたコミュニケーションを高めていけると理想的ですね。

## よいパスの定義07

## 相手をよく見て
## 2手先を読む

# パスコースは
# 降ってくるものではなく、
# こちらが意図して
# 創り出すもの

## 相手をよく見て二手先三手先を創る

バスケットは相手あってのスポーツですから、パスを出す際に最も大切なことの1つに「相手をよく見ること」があります。コーチや監督からよく「コートの状況をよく見よう！」「二手三手先を予測しよう」と言われるでしょう。他にもいろいろな表現がありますが、僕は自分の感覚である『二手先、三手先を創ろう』と伝えています。

そのためには、例えば仲間とのスペースを阻むディフェンスを動かします。パスを出す前、つまりパスの前段で駆け引きをするのです。

駆け引きとは具体的には「目」「身体の向き」「ジェスチャー」「声」「パスフェイク」など要素を使った騙しのテクニック（フェイク）であり、これらを使ってディフェンスラインを錯乱させたり、パスを通す軌道を創り出したりします。パスコースは降ってくるものではなく、こちらが意図して創り出すものです。届けたい先のディフェンスを動かし、オープンを創り出し、そこをパスで突いていくという順番で行うイメージです。

ディフェンスラインをどのようにして揺さぶり、相手を反応させ、さらに相手が嫌がる一瞬のパスタイミングでパスを通し、突いていくのか。こうした具体的なテクニックについては、後のパートでお伝えしていきます。

よいパスの定義08

## パスは逃げるスキルではない

# 困ったから出すのではなく、相手を困らせるのが本来のパス

## バスケットはエネルギーの管理も大事になる

「1on1が上手くない」「ボールをキープできそうにない」「この後の展開のプランが描けない」など攻め気がそがれてしまい、ボールを奪われたくないがために出すパスがあります。僕はこのパスを「責任逃れするパス」と呼んでいますが、このようなパスを出されたら、パスを届けられたほうも困ってしまうことがあります。ディフェンスに差し込まれ、プレッシャーでバタバタと動きや空気が重たくなった後のパス交換では、その重たい空気が伝播してしまいます。その結果、パスを受けた選手が単独で効果的に攻め込んでいくのは、かなり難しくなると思います。これをエネルギーロスするオフェンスと言っています。

バスケットはエネルギーの管理も大事で、自分たちは疲弊せず効果的に相手を出し抜いていきたいものです。相手ディフェンスも当然そのような状況を狙ってきますが、自分たちが目指したいのは「相手を1on1でやっつけてからのパス」「ディフェンスを引きつける意図を持ってからのパス」「ペイントタッチを仕掛けて外に散らすパス」などです。そのような意図を明確に秘めてパスを届ける前段でディフェンスを振り回し、疲弊させ、困らせることが、パスを出す選手には求められます。

困ったからパスを出すのではなく、相手を困らせるのが本来のパスです。ちょっとした考え方の違いですが、このことは非常に大切なことですので、普段からぜひ意識してみてください。

よいパスの定義09

全員が意図を理解している

# 選手の思考と思考をつなぎ合わせていくアイテムがパス

## バスケットを通した意思の疎通は体験したいプロセス

　結局のところバスケットは、コート上の５人全員が同じプレーのビジョンを描けていることが大切です。チーム全員が「次はどのようなプレーで攻めるのか？」「どこを起点に攻めていくのか？」など、共通の理解を持ったうえでオフェンスを仕掛けていきたいものです。このコートの５人が頭でシンクロして（共時的に）描いた理想を形にしていくことがバスケットであり、選手の思考と思考をつなぎ合わせていくアイテムがパスなのです。

　チャンスを伺うための「回すパス」なのか、一瞬のディフェンスラインのゆがみを突いていく「突くパス」なのか、ポゼッション（攻撃の所有時間）を上げて流れを手繰り寄せるための「時間を管理するパス」なのか。このようなパスに込められた思考をコートの５人が感じ取りながら、共通理解のもとにパスを回していけるようになりたいものです。

　「全員が協力し、全員が心を通い合わせる」「そのために練習で意志の疎通をし、自分の意図を仲間に伝える」「仲間と手を取り合い、心を通わせ、１つのゴールに向かう」「自分たちのプレーを創作する」など、僕はこのようなことを、バスケットを通じて体験してもらいたいプロセスだと考えています。なぜプロセスかというと、バスケットが人生のすべてではないからです。僕自身社会に出て、バスケットに育ててもらった要素がとても大きいと感じています。ですからバスケットを通じて得た体験や経験は、その後の人生の様々なフェーズにおいても活かせるのです。

よいパスの定義10

パスで一番大事なこと、パスから学べること

# パスとはバスケットを表すもの

## 5人がいれば何でもできるという可能性を創り出すのがパス

このパートの最後に僕が日本一を達成するなかで大切にし、気づいたことをシェアします。僕はパスというアイテムを使って相手との違いを創ることによって、日本一を達成できたと思っています。これまでも述べたように独りではできない「パス」を、仲間たちの協力があったからこそ、日本一にまでつなげ、目標を叶えることができました。

コート上で1人のプレイヤーができることは限られています。いかにドリブルスキルを磨いても、いかにシュート力を磨いても、複数のディフェンスに囲まれてしまったらもう次の手の打ちようがありません。けれどもこのような状況でも、仲間がいればプレーの継続ができます。例えば仲間にパスをつなぎ、リターンしてもらえばよいのです。

そういった意味では「パスとはバスケットを表すもの」だと考えています。チームスポーツであるバスケットを通じて、みんなで協力して手を取り合い、1つのゴールに向かっていく。これは必ず人生にも通じるバスケットの要素だと考えています。

「5人がいれば何でもできる」。そんな可能性がパスであり、そんな強さを引き出すのがパスです。味方と協力することによって、点が線になり線が面になります。そして、パスは矛《ほこ》にも盾にもなります。僕はパスが、意外と軽視されることが多いように感じています。パスの持つ可能性を皆さんに知ってもらい、実践してもらいたいと考えてこの本を書いています。みなさん、ぜひパスを強化していきましょう！

Column BASKETBALL

コラム
01

# 容赦なくパスを求める得点王

僕には昔から、辛口のパスの要求者がいました。そいつはむちゃくちゃ攻め気が満々でガツガツしており、全国のどんな強者に対しても恐れずに向かっていくコービー・ブライアントのようなメンタルの持ち主でした。「とにかくボールをもらいたくて仕方がない」「シュートを決めたくて仕方がない」。ちょっとでもオープンを見逃そうものなら「どこ見とんかっちゃ！」と山口弁で容赦なく自分のことを罵ってきました（笑）。その選手は、双子の弟である中川和之です。

和之は昔から妙に僕に厳しかった……。単純にストイックなのは分かるのですが、一応、自分のほうが先に母のお腹から出ている兄です（笑）。コートに立つと和之に文句を言われないことに必死で、常に和之の動きを追っていました。常に和之にアンテナを立てて、パスを欲しがるタイミングでいつも見逃さず配球していました。これによってパスを出す力や、視野が鍛えられたと感じています。

和之はインターハイで得点王になりました。大学では最優秀選手になりました。超攻撃的ガードと言われるくらい、本当に凄まじい破壊力を持った選手でした。「和之を見逃さないように」。パスのスキルは、このエピソードのように必要に迫られたり、制限や条件があると伸ばすことができます。僕は先ほどの体験から着想し、コーチとなってからは様々な条件を設定したドリルを練習に組み込み、子どもたちのパス強化につなげています。

大学卒業後、和之はプロの世界へ行き、私は実業団に入りました。そして「脱！和之」となってからは、彼と培ってきた阿吽の呼吸をチームメイトに広げていきました。そうすることで、チーム５人のハーモニーが作れるようになったのです。

PART 2

# パスの種類と意図

# 回すパスとは

## 回すパスとは

**いきなり1on1で攻めようとしても**
**攻めあぐねる**

↓

**基本的な考えとしては**
**ボールと人が動くことが必要**

↓

**そうすることで**
**ディフェンスとのずれが生まれる**

↓

**ずれが生まれることで**
**攻める隙ができる**

**CHECK**
**このずれを作るときに**
**使うのが回すパスになる**

### ボールと人が動くことで攻めるチャンスが生まれる

攻めるにあたり、いきなり1on1を仕掛けたとしてもがっぷり四つでコースに入られ、動きを封じられた経験はないでしょうか？ よほどのスキルの差がなければ、いきなり仕掛けても突破することができません。それではどうするかというと、ボールと人を動かしてディフェンスとのずれを作ることです。ボールと人が動くことで、ポジションのミスが起こったり、ディフェンスが過剰にヘルプにいけばオープンが生まれます。そこに的確にパスを落とし、

動画はこちら

# ずれを生み出す回すパス

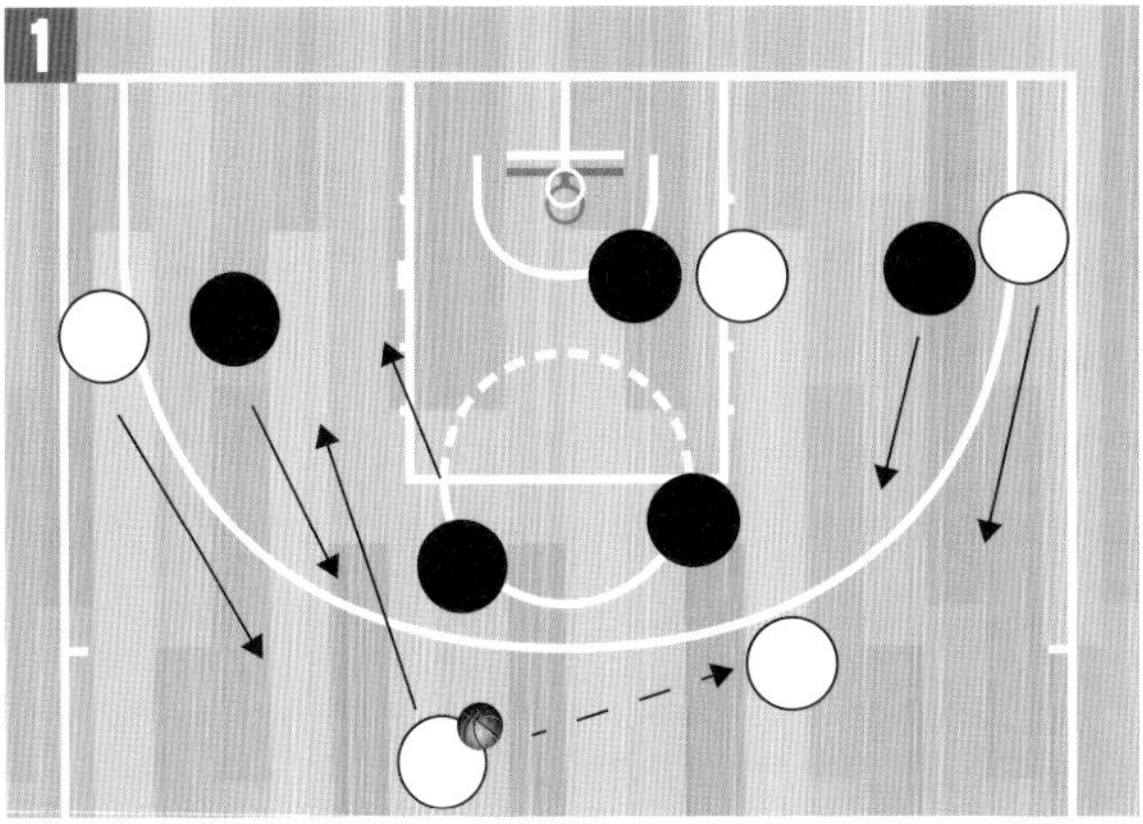

ボールと人を動かすことでディフェンスの過剰なケアやポジションミスを狙う

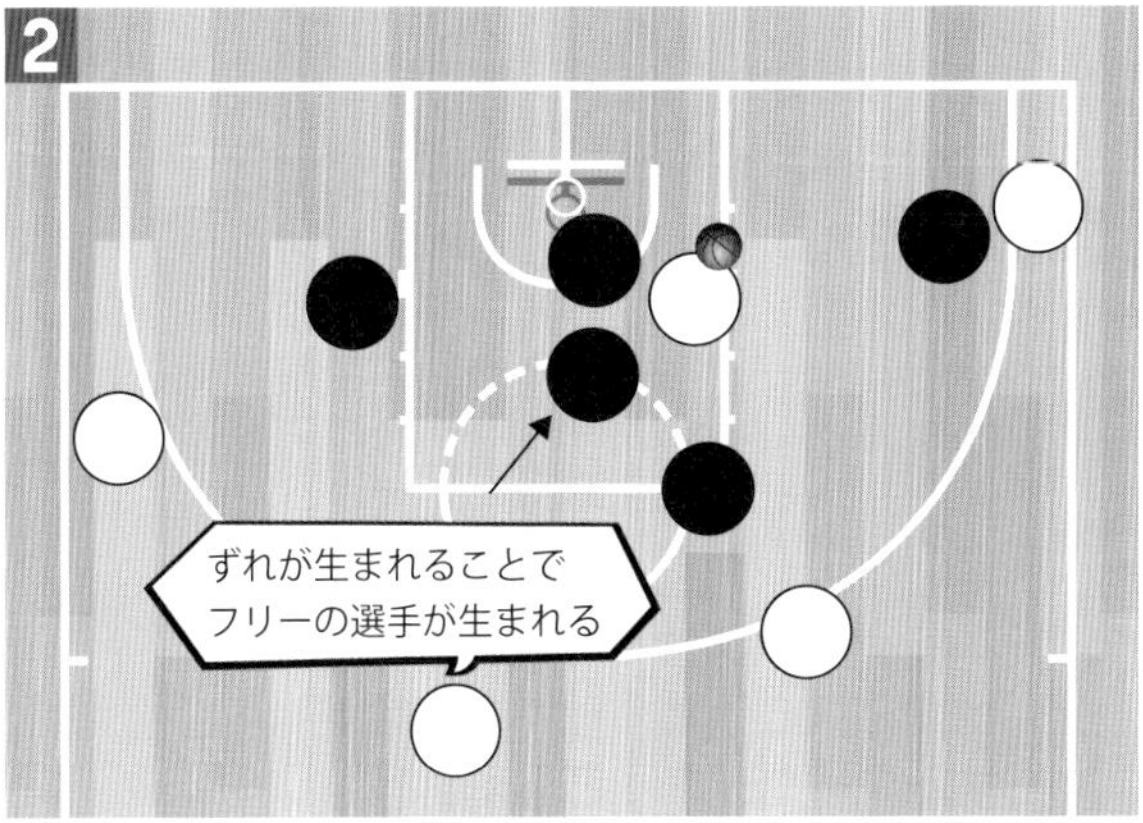
ずれが生まれることで
フリーの選手が生まれる

ずれができることでフリーの選手が生まれ、攻め手が生まれる

パスを受けた選手がカウンターで攻めていくことで突破しやすくなります。

## ディフェンスのずれをすかさずついていく

このようなディフェンスとのずれを作り出すパスが「回すパス」です。やり方の原則としては、とにかくボールと人が動くことです。そしてディフェンスとのずれが生まれたら思い切ってシュートを狙ってもいいですし、アタックを仕掛けてもいいでしょう。とにかくディフェンスのずれを作りながら攻めていくことで、オフェンスはより簡単に展開できるようになります。周りを囲まれてしまって闇雲に出すようなパスはできるだけ避けたいですが、意図を持ってボールと人を動かすためのパスは積極的に使っていきましょう。

# 突くパスとは

## 突くパスとは

回すパスだけでは
攻めあぐねることがある

↓

誰にどんなプレーをしてもらいたいかを
言葉に出して明確にする

↓

そのメッセージを込めたパスが
「突くパス」

↓

声を出しながら「突くパス」を出すことで
味方も迷わずにプレーできる

**CHECK**
**こうした「突くパス」を使うことで
オフェンスに軸ができる**

動画はこちら

### メッセージを込めたパスで意図を伝える

回すパスでディフェンスとのずれを作り出したら、「張って欲しい」「シュートを決めて欲しい」などメッセージを込めたパスを出します。これが「突くパス」です。このパスに込めたメッセージを伝えるためには、言葉によるコミュニケーションが重要です。ビッグマンにインサイドで張って欲しい場合には「インサイド！インサイド！」などのように声を出しながら突くパスを出します。言葉とプレーをセットにすることでパスの受け手は迷わずにプレーができま

# メッセージを込めた突くパス

1

声を出しながらメッセージを込めた突くパスを狙う

2

メッセージが伝わることで味方も迷いなくプレーができる。それによってオフェンスの軸が生まれる

すし、それによってオフェンスに軸が生まれます。この軸を作ることがとても重要です。

## よいプレーのクリエイトには コミュニケーションが不可欠

パスを回しながらここぞというときに突くパスを出すことで、攻撃にアクセントが生まれます。よく「コミュニケーションをしよう」と言われるでしょうが、これは「ただ声を出してプレーする」意味ではなく、「自分たちでデザインしたプレーをクリエイトする」ために使うという意味です。抽象的な表現ですが、私の感覚ではバスケットボールとはコートというキャンバスにどんどんプレーをデザインしていき、チームとして最高の作品を作るイメージです。よいプレーから踏み外さないように適宜声をかけましょう。

# 味方の特性を引き出す 動かすパスとは

## 動かすパスとは

**味方一人ひとりの**
特性を活かすために**使うパス**

↓

味方の特性を組み込んだ
**オフェンススキームを組み立てておく**

↓

**ボールと人が動いて**
前段の展開を作っておく

↓

最後に使いたい選手とアイコンタクト
**をしておき動かすパスを出す**

**CHECK**
強みを引き出すことで
ディフェンスに圧をかけられ
リバウンドも取りやすくなる

動画はこちら

### 味方の特性を活かすパスが動かすパス

それぞれのチームは、一人ひとり強みや得意なプレーを持っています。その特性を理解し、引き出すことでチーム力が最大化。1試合のトランジション（攻守の切り替え）は平均で85回と言われ、攻撃の回数に限りがあります。そして1回ごとのオフェンスに「誰の強みで攻めるのか」というスキームが組み込まれていないのは、非常にもったいないことです。DFに差し込まれないためにはエッジの効いた質の高い動きと、味方の特性に見合ったタイミングでギャッ

## 特性を引き出す動かすパス

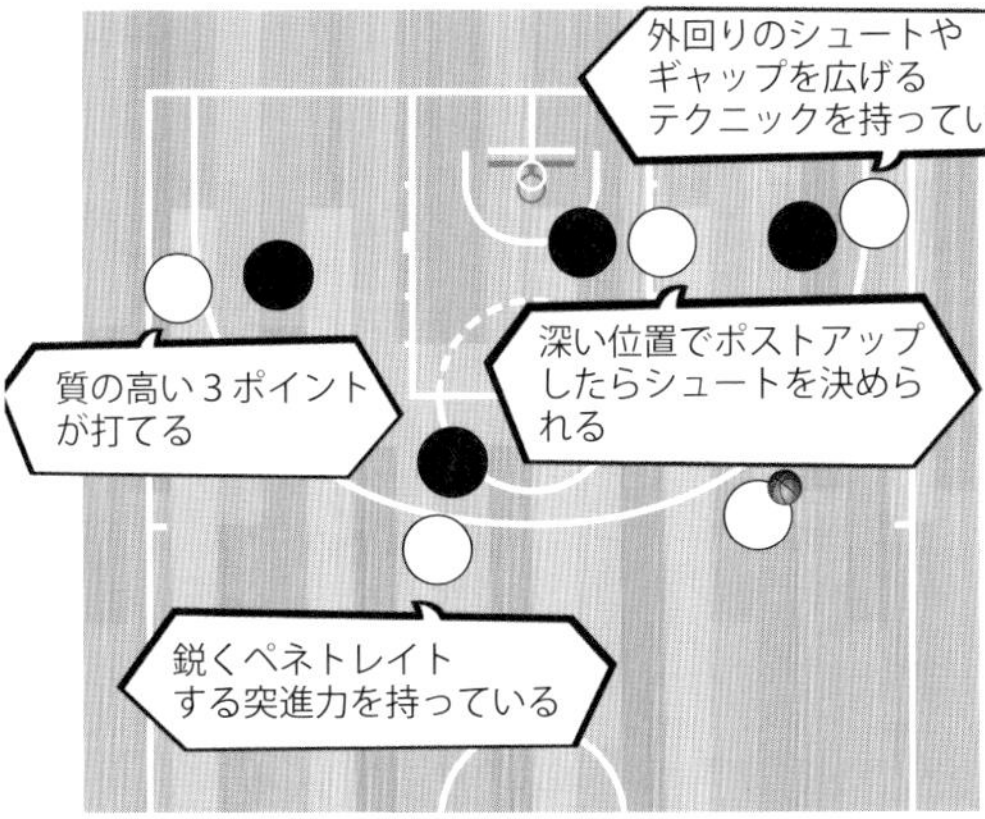
外回りのシュートや
ギャップを広げる
テクニックを持っている
深い位置でポストアップ
したらシュートを決めら
れる
質の高い３ポイント
が打てる
鋭くペネトレイト
する突進力を持っている

それぞれの特性を把握して攻撃を組み立てる

アイコンタクトからパスを届け、特性を活かしてシュートを決めてもらう

前段の展開で特性を引き出しやすい状況を作る

プを突くパスが重要になります。

### 最後にパスを届けるための前段の展開を作る

全員を活かすためには視野の広さが求められます。広い視野を確保するためには、目線を遠くに置きながら近くを見るようにします。そして使いたい味方とアイコンタクトをして意図を伝えます。また最後に使いたい選手にボールを届ける前に、前段の展開を作ります。ボールと人を動かし、フェイクを使ってだましたりタメを作り、最後に動かすパスからシュートを狙います。また試合を通じて味方のよいプレーを見せることで、相手は味方のプレーを予測するようになります。多くのプレーの情報を与えることで予想の裏をかいたり、困惑させることができます。

# 選手をのせるパスとは

## 味方の特性を理解し
## 声に出してパスを届ける

動画はこちら

### のせるパスとは

**味方のテンションを上げ**
**より力を発揮しやすくするパス**

↓

**ボールだけでなく**
**ポジティブメッセージを声に出して届ける**

↓

**パスの気配りにより**
**思い切ってプレーできる**

↓

**選手たちがのることで**
**試合の流れや勢いが生まれる**

**CHECK**
**味方がのっていくことで**
**よりよいプレーも生まれる**

　動かすパスで全員の特性を理解して引き出すことを解説しましたが、この選手を「のせるパス」も似た側面があります。パスはただ無機質にボールを出すだけでなく、そこに何かしらの配慮やメッセージを込めることが大切です。例えばアタックや外角シュートが得意な選手にはパスと一緒に「1対1いこう」「シュートいこう」「攻めていいよ」などの声をかけます。

　そうした声かけとパスワークをすることによって選手は思いきって自

## 声にこめるメッセージの例

フラッシュ
さあ1本
攻めて いいよ
スリー いこう
さあ ディフェンス しましょう
1対1 やっていいよ
OK ワイドオープン、得意！
ショウ

分の得意なプレーをすることができ、得意なプレーをすることで気持ちものってきます。動かすパスでも述べましたが、気持ちがのってくることでオフェンスに軸が生まれ、試合の勢いを生み出すこともできます。

### ガードは味方をのせる声かけが重要

具体的な声出しについては、動画を見ていただくとイメージしやすいと思います。動画のなかでは、「ナイスラン」「OKワイドオープン、得意！」「ショット、ショット、ナイス」などいろいろな声かけが出てきます。

特にガードの選手はこのような声かけを心掛け、ボールだけでなくポジティブメッセージも味方に届けるような考えを持ってプレーしてください。繰り返しになりますが、それが味方を「のせるパス」です。

# 時間を管理するパスとは

## 時間を管理するパスとは

**オフェンスの**
**テンポに変化をつけるパス**
↓
**マイナス方向へのステップや**
**足を止めることでスローダウンする**
↓
**ポジショニングが整ったところから**
**緩急をつけて攻める**
↓
**テンポやリズムにアクセントをつける**
**ことで試合にしまりが出る**

**CHECK**
**「攻め気」が強い**
**ディフェンスの気持ちを砕き、**
**ストレスを与える効果もある**

動画はこちら

### 攻撃のテンポに変化を生み出す時間を管理するパス

バスケットボールでは時間の使い方がとても重要です。素早い展開だけでなく、時には意図的に時間をかけることも必要になります。そこで用いるのが「時間を管理するパス」です。

常に同じテンポでラリーが続いていると、試合展開が単調になったり、1プレー1プレーが雑になってしまい、しまりのないゲームになることがあります。このようなときに時間を管理するパスによって時間をかけることで、戦い方に変化を起こしや

## 時間を管理するプレー

マイナス方向へステップしてスローなテンポを作る

足を止めて攻撃をスローダウンする

すくなります。同時に攻めたがっているディフェンスに対してストレスを与えたり、じらしたりすることができるという側面も出てきます。

### マイナス方向へのステップや足を止めてスローダウン

具体的なプレーとしては、マイナス方向にステップをしたり、足を止めてからパス交換、そして味方がきちんとポジショニングしたところから攻撃を展開します。注意点は、自分に時間を使う意図があってもパスをもらった味方の意図が異なることです。そうならないためには、日頃からコミュニケーションを取り、意思の疎通を図ります。攻める体勢が整ったと判断した瞬間に、一気に緩急をつけて攻めに転じます。こうしたアクセントによって試合にしまりが出てきます。

# 意表をつくパスとは

## 意表をつくパスとは

ディフェンスの読みや
想定にないパスが意表をつくパス

↓

味方とディフェンス全員の位置や
動きを把握しておく

↓

時にはディフェンスの反応を
確かめるために誘いの動きをする

↓

ディフェンスの意識外の味方へ
パスをつなぐ

**CHECK**
ときには味方の想定外の
パスになることもある

### DFの読みや想定にないチャンスを生むパス

　続いて紹介するパスは、ディフェンスの読みや想定に入っていないようなパスでチャンスを演出する「意表をつくパス」です。時には味方もパスがくると思っていないことがあるくらい、意表をつけると理想です（もちろん味方とは練習を通じて合わせていきます）。

　意表をつくパスを出すために必要なことは、①味方全員の動きを把握する、②ディフェンス全員の動きを把握する、③誘いの動きでDFの反応を見る、④こちらを見ていないデ

動画はこちら

## 意表をつくパスの例

1

パスアングルを探す。万が一囲まれたらトップに逃がすことも考えておく

2

スクリーナーが受けやすいように空間にバウンズパスを出す

ィフェンスの一瞬の隙を突くなどがあります。

例えば味方をスクリーンに呼び、ドリブルアタックを仕掛けるように見せて、ゴール下のフリーの選手にパスをしたりします。また、速攻に転じた場合には、味方の追走（上がり）を待つふりをして、味方にストレートパスを届けます。

このように全体を把握しているからこそ、相手の意図にないパスを演出することができるのです。動画では実例で解説していますので、そちらも参考にしてください。

# フローを創るパスとは

## フローを創るパスとは

**チャンスメイクまでの**
**流れを生み出すパスのこと**
↓
**オープンの選手へのパスの判断を**
**早くし球離れをよくする**
↓
**小気味よいタイミングでのパスで**
**他の選手を躍動させフローを創る**
↓
**ディフェンスのフォーカスを自分に**
**集めてから散らしてチャンスメイクする**

**CHECK**
**ディフェンスのずれ(歪み)を**
**見つけたらすぐに**
**パスを出すことも大切**

### チャンスメイクまでの流れを創るパス

フローとは流れのことで、「フローを創るパス」とは、チャンスメイクまでの流れを創るパスになります。この「フローを創るパス」を出せる選手で私が注目しているのが、NBAのラメロ・ボール選手です。

彼は独特のパスセンスを持っていて、例えば多くの選手の場合は目の前の突破を図り、2人のディフェンスを引きつけておいてオープンにパスを出すというプレーが基本です。ところがラメロ選手の場合は、完全にディフェンスを出し抜いていない

動画はこちら

## フローを創るパスの例

1

自分の目線や身体の向きをリング方向に向けてディフェンスの意識を集める

2

奥のディフェンスが「自分のほうではないな」と判断しているところの虚をついてパスを出す

状態でパスを出します。

どういうことかというと、フォワードの選手はみんな「すぐにパスをくれ」と考えるものです。ところがディフェンスを引きつけてからパスだと、フォワードにすれば「パスが少し遅い」と感じたりします。これがゲームのテンポに影響したりします。ところがディフェンスを引きつける前、フォワードが「今パスをくれ」というタイミングでパスを出すことで、フォワードは気持ちよくプレーでき、それがチーム全体の最適化につながったりします。

同時にディフェンスのずれや歪み、つまり空いているスペースを見つけたらすぐにパスを出すこともチャンスメイクフローとして非常に大切です。これをオープンマンセオリーと言います。

Column BASKETBALL

コラム 02

## “ない”ではなく”ある”に目を向ける

勝利に対して貪欲になればなるほど、仲間への言葉が強くなったり、その瞬間にプレーやリズムが乱れることがあります。コートでフラストレーションをためたり爆発させるなど心が乱れてしまっては、よいプレーにはなりません。「できるだけポジティブに！」なのですが、言うのは簡単ですがやるのは結構難しいものです……。なぜなら勝負ごとだからです。

鼻差を争う一瞬も気が抜けない大切な試合の拮抗した場面では、わずかなミスが命取りになるため、そこで起こった「不用意なプレーを許容するわけにはいかない」。そのような想いから、ついつい言葉が強くなるのです。しかし、それで誰かのできないことを取り上げても前には進みませんし、よいプレーにはつながりません。

人間は「ない」ことばかりにフォーカスをしたら、とことん悪い出来事を引き寄せます。僕が経験から皆さんに伝えられることは、「ない」ではなく、「ある」に目を向けることです。例えば、「あいつがシュートを決め”ない”」「パスを正確につなげ”ない”」「大事なところで守れ”ない”」。そうではなく、「大丈夫、次も思いきって！（次また決めるチャンスが”ある”）」

「切り替えよう！（まだ残り時間は”ある”）」「次、DFでがんばろう！（まだ挽回の機会は”ある”）」。このような「”ある・ある・ある”」です。

パート1でも述べましたが、「仲間を信じて、前向きに」。こうした考えが結果としてチームを最大化し、ピークパフォーマンスにつながると僕の実体験から思います。

PART 3

# 得点に結びつけるパス

# パスでボールと人を動かしてずれを作る

動画はこちら

## DFとのずれができると攻め込める隙が生まれる

いきなり1対1を仕掛けて突破するには無理があります。まずはディフェンスとのずれを作ることが必要で、そのためにはボールと人が動く必要があります。そのために有効になるのがパスです。ボールと人が動くことで、ディフェンスが過剰にヘルプにいったり、ポジションのミスが生まれます。そこに的確にパスを落とすことでカウンターで攻めたり、シュートを打ったりと攻撃につなげることができます。

やり方としてはカッティングやア

## ボールと人が動いて物理的なずれを作る

1

ボールと人が動くことでディフェンスとのずれが生まれる

2

ずれが生まれることでアタックやシュートという選択肢が生まれる

## DFの予測と異なる動きで意識のずれを作る

パスを出す

ディフェンスは「切れてくる」と予測を立てて動く

瞬時に反対側に動き出す

ディフェンスが予測していない動きのため隙が生まれ攻めやすくなる

ウェイで入れ替わったり、とにかくボールと人が動くことを意識してください。同時に周辺視野で状況を把握し、ずれた瞬間を見逃さないようにしてください。

### DFの予測と異なる動きで意識のずれを作って攻める

ボールと人が動くことで物理的なずれが生まれますが、意識のずれというずれもあります。それは相手が予測している動きと異なる動きをすることです。例えばスクリーンプレーを使うと思わせて逆方向に動いたり、呼び込んでおいて切り込んだりします。予測と異なる動きをされると人はすぐに対応できませんので、必ずそこに隙が生まれます。

物理的なずれと意識のずれ。この2つのずれをエッセンスに組み込んで相手を出し抜きましょう。

# 意外性のノールックパスで得点チャンスを作り出す

動画はこちら

## 想定している3対1の場面

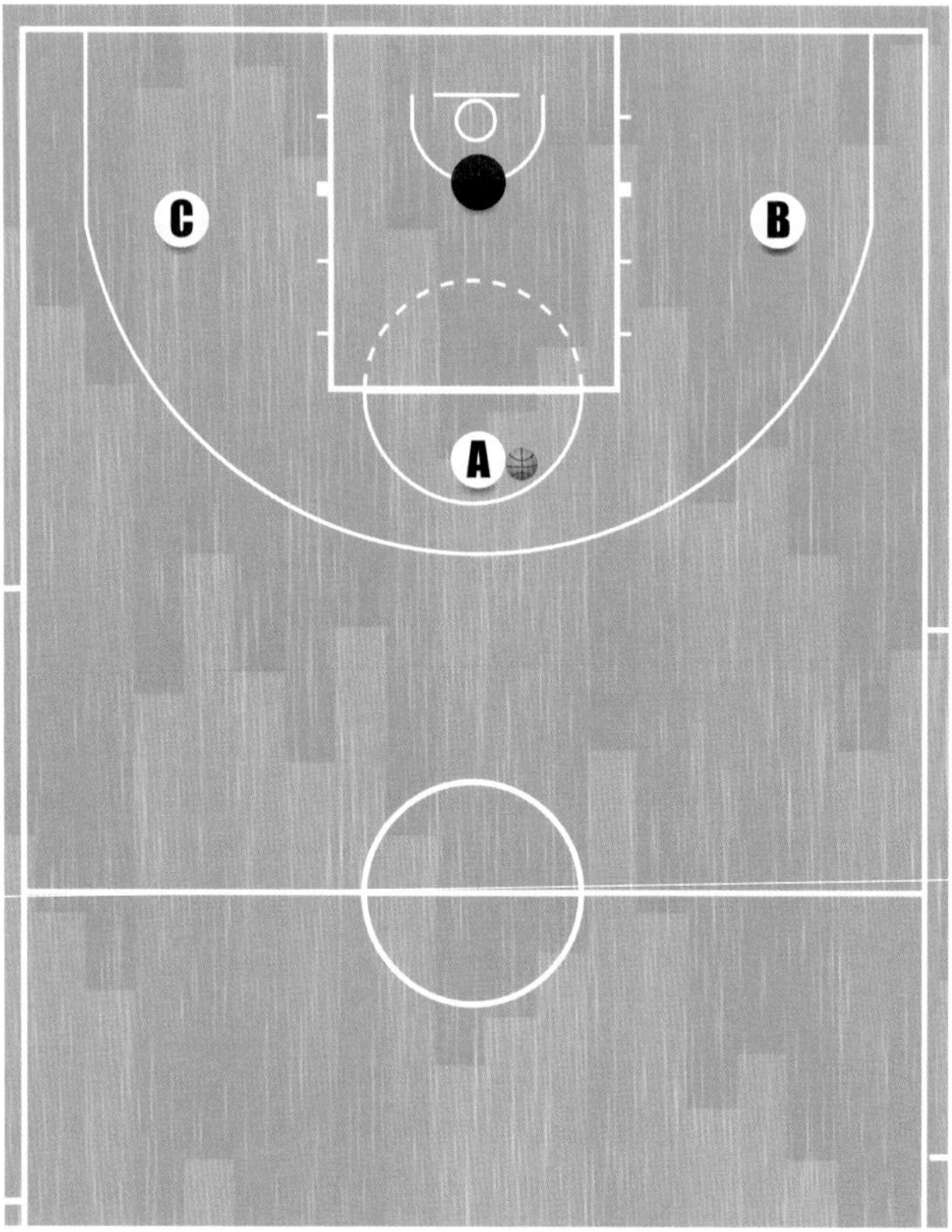


Bへのパスを匂わせ、裏を読んだディフェンスがCへのパスカットにきたところでBへノールックパスを出す

### ノールックパスの基礎を作る練習ドリル

ディフェンスだけでなく観客もあっけにとられるほど意外性の高いノールックパス。味方との共通理解があれば積極的に狙っていきたいパスの1つです。ここで意識するのは「いかにDFにとっての意外性を創り出すか」です。ディフェンスをだますとも言えますが、目線はかなり有効です。DFはこちらの目線を追いながら守りますのでパスで突きたいところをあえて見ず、錯乱させてフリーを創り、得点につなげます。さらに目線に加えて声やジェスチャーも

## 確実に得点を取る選択をする

パスをするほうへ目線を送りながら攻める

相手ディフェンスが裏を読んで反対側へチェックに行くタイミングでパスを出す

決定力の高い選手がノーマークでパスを受けられる

そのままシュートに持ち込む

意外性を創り出すのに有効です。例えば「スクリーンを呼ぶフェイク」や「身ぶりで指示をするフェイク」などです。「人」「ライン」「ボール」「時間」などをフェイクの道具にすることで、相手を出し抜くパスができます。

### 事前にパスを出す味方を決め パスを通すための状況を作る

ノールックパスを狙う場合ですが、サイズやシュートフィニッシュの確率でパスを出すほうをあらかじめ決めておきます。そして確実にその選手がフリーでパスを受けられるようなシチュエーションを作り出します。ここで紹介した動きはディフェンスとの心理的な駆け引きになりますので、ここぞという場面ではとても有効です。なお動画ではノールックパスを集めましたので、自分のプレーの参考にしてみてください。

# ポイントゲッター&キーマンで攻めるためのパス

動画はこちら

## ゲームプランがないとよいディフェンスに差し込まれる

ガードはチームの心臓です。その選手の動きや思考が止まってしまうと、他の選手たちも「何をしようか」「何をしたらいいだろう？」と脚が止まってしまいますし、同時に思考も止まってしまいます。チームの心臓であるためには、常にプランを持っておく必要がありますし、プランがなければよいディフェンスにはすぐに差し込まれてしまいます。そうなると、ボールを取られないためだけの責任転換するようなパスを出すしかなくなります。

## 意図がないプレーの例

1

誰をどのように使うかという意図がないと思考が止まってしまう

2

思考が止まると味方もどうしてよいかわからずスコアにつながるプレーになりにくい

## 意図を持ったプレーの例

1

最後に誰を使うのかを考える

2

その選手によい状況でボールを届けるためにディフェンスを引きつける

3

引きつけておいてポイントゲッターにボールを届ける

4

ポイントゲッターにシュートを打たせる

### 前段でDFを引きつけ ポイントゲッターにボールを届ける

ゲームプランで大切なことは「誰で攻めるのか」という考えを持っておくことです。さらに「その選手でどう攻めるか」という組み立てがあれば理想的です。その考えに基づいて「使いたい選手によい状況でボールを届けるためにはどうすればよいか」という意図を持ってプレーをすれば、チーム全体が自分の役割を考えて動けます。ラグビーなどと同じで、前段のプレーでディフェンスラインを収縮させたり引きつけるようなアクションをしておき、最後に点を取れる選手にボールを預けます。このような流れができればボールを受けたポイントゲッターは、自分の役割に注力してプレーすることができるようになります。

# シューターが欲しがるパスを考える

## シュートまでに時間がかかると…

1

シュートを打ちにいく姿勢はよいが…

2

ディフェンスを引き連れていたり打つまでに時間がかかると精度が下がってしまう

### シューターとはシュートを打ちたい生き物

シューターにパスを出すときに考えたいことの1つは54ページで紹介した前段でお膳立てをすることです。もう1つはシューター自身によい状態でボールをもらってもらえるように迷わせないパスを出すことです。人間は0・5秒時間があると雑念が浮かんできます。それを0・3秒以内で無心でシュートが打てるようなパスをシューターに届けます。

動画はこちら

## ゼロから100の動きでディフェンスをはがす

いったん止まってゼロの状態を作る

一気に100で動き出すことでディフェンスをはがした状態でボールがもらえる

## ポップアップしてシュート

ディフェンスがスライドしてついてきたらポップする

ポップアップしてシュートを狙う

### シュートのイメージを持ちながらディフェンスをはがして打つ

シューターのボールミートのポイントにも触れておきます。シューターは惰性で動くのではなく、DFと駆け引きをしながら熱量を持ってボールをもらいにいきます。そのための動きの1つが1回止まってエネルギー量をゼロにしておき、そこから一気に抜け出すことです。そうすればセパレートギャップができます。とはいえ一度この動きを見たDFは警戒してきます。DFが自分を追尾してきたら、その動きをよく見ておき、駆け引きをすることで引きはがしてからシュートという動きを常に意識しておきましょう。そしてパサーは、シューターの動きと一瞬のギャップを見逃さないようにします。

# インサイドからアウトサイドへのパスが状況を変える

## 冷静に状況判断ができないケース

パスを受けた瞬間にディフェンスに寄られる

焦ってしまって冷静なプレーにつなげられない

### 頭をクールに保ち冷静に周りの状況を見る

インサイドでパスをもらった場合、ディフェンスがカバーに寄ってくるシチュエーションがよくあります。このようなときに慌てて攻めてしまうと、囲まれてボールと取られたり、意図があるプレーができなくなります。このようなシチュエーションでは頭をクレバーに保ち、落ち着いて周りの状況をよく見て判断しプレーします。ディフェンスの誰かがカバーに寄ったら、必ず味方の誰かが空いています。こうした判断をするためにはボールを受けてすぐに攻める

## クレバーにプレーできるケース

パスを受けたら冷静に周りの状況を見る

アウトサイドにフリーの選手がいればパスを届けてシュートを打ってもらう

パスを出すとわかったディフェンスは寄ってこないケースもある

その場合は1対1を仕掛けていく

のではなく、いったん冷静に周りの状況を確認しましょう。

### アウトサイドの選手へのパスを狙う

冷静に周りの状況を見た時に、アウトサイドの選手がフリーであれば大きなチャンスです。アウトサイドの選手はリングに目を置いた状態のため、パスを受けてからすぐにシュート動作に入りやすいのです。まずはこのプレーを狙ってみましょう。そうするとディフェンスは「パスを出されるかも」と考えてすぐに寄ってこない状況も生まれます。そうしたら1対1を仕掛けられるシチュエーションが生まれます。こうした賢いプレーをするためには、ボールを受けたらパスを出そうとディフェンスをけん制してみましょう。そこから突破口が見い出せます。

# ボールを逆サイドに動かしてディフェンスを揺さぶる

動画はこちら

## サイドチェンジしないオフェンスは守りやすい

1

片方のサイドだけを使った攻撃はディフェンスにとって守りやすい

2

逆サイドのディフェンスのポジションが崩れずに守れる

### サイドチェンジがないオフェンスは守りやすい

サイドチェンジをしない攻撃は、逆サイドのDFが揺さぶられていないため、DFからしたら守りやすくなります。インサイドからアウトサイドへ解放して逆サイドにパスを流したり、ドライブからのペイントタッチから逆サイドへキックアウトしたり、などのように、サイドチェンジを積極的に取り入れます。そうすることでディフェンス全員を動かし、ディフェンスのポジション移動が間に合わない状況を作ることができます。

## サイドチェンジをしてディフェンスのポジションを崩す

1

ガードは全員の動きにアンテナを張っておく

2

積極的に逆サイドに速いパスを出す

3

パスを受けた選手が仕掛けることでフリーが生まれ攻めやすい

4

味方がスクリーンアクションをした際にはスキップパスが有効になる

### サイドチェンジで有効なスキップパスを狙っていく

速いボールを回せばアタックのチャンスが生まれたり、ディフェンスの揺さぶりができます。そこで有効なパスがスキップパス(※)です。ただ逆サイドにボールを散らすのではなく、スクリーンを仕掛けた味方を飛ばしてブラインドにパスを出します。味方が有効なスクリーンのアクションをしたときに、ディフェンスが嫌がるのはそこを使ったパスを通されることです。そのパスを狙わなければディフェンスは「毎回警戒しなくていいな」とボールマンだけを見ておけばよくなり、余裕を持ってプレーできるようになります。ガードは常に全体にアンテナを張っておき、味方のよい動きを見逃さずにパスを出しましょう。

※ツーパスアウェイポジション(自分から見てパスを2回出したポジション)にいる、簡単に言うと隣の隣にいる味方に出すパスのこと

# 素早いビッグマンを活かす 2つのピックプレー

## ピック&ロール

「待つ」「張りつく」「ブラッシング」を確実に行ってスクリーンを仕掛ける

ロールしてインラインを死守する

そこにパスを出してもらってアタックする

### ピック&ロールから ゴール下に仕掛ける

スクリーナーがよい状態でパスを受ける展開を紹介します。1つ目はピック&ロールで45度からスクリーナーを呼び、「待つ」「張りつく」「ブラッシング」という3つの動きをすればしっかりとスクリーンがかかります。そこからビッグマンは反転（ロール）し、アタックします。このときにスクリーナーが意識することは、インラインのスペースを譲らずに死守することです。そうすればインラインへパスをもらって優位に攻められます。

動画はこちら

## ピック&ダイブ

テンポよくスクリーンを仕掛ける

ロールではなくそのままダイブする

パスをもらってアタックする

### ピック&ダイブからゴール下に仕掛ける

続いてスクリーンに来たスクリーナーはロールではなく飛び込んで（ダイブ）ゴール下に仕掛けるプレーです。近代バスケではかなり使われるプレーになっています。ディフェンスにとっては強いスクリーンだけでなく速いスクリーンも嫌なものです。そのため素早く動けるビッグマンがすっとスクリーンを仕掛け、すっとゴール下に抜け出る動きはかなり有効になります。ディフェンスがボールマンに対して過剰にケアしてきた場合はイリガリーな場所に立っていることが多いため、間髪入れずにダイブすればその分ギャップが広がりやすくなります。リングに対してロールよりも一直線に飛び込むこのプレーも意識しましょう。

# シュート力を持ったビッグマンを活かすピックプレー

## 45度からのピック&ポップ

スクリーンを仕掛けて優位性を作る

ボールマンはDF2人を引き連れ、スクリーナーはDFが出づらいエリアに飛び出す

スクリーナーにパスを出してシュートを狙う

### 2人のディフェンスを引き連れてギャップを作る

ここで紹介するピック&ポップは、ビッグマンに外角シュートを決めきるスキルがあったり、ボールを受けてから他のプレーに派生させていく場合に使えます。上の写真のようにスクリーナーのDFがドリブルとダイブの両方を守ろうと下がってきた場合、ここでロールやダイブをしてしまうと、強いプレッシャーを受けたり、パスを出すスペースがない可能性が高くなります。

それに対してボールハンドラーがディフェンス2人をしっかりと引き

動画はこちら

## 縦からのピック&ポップ

トップからピックに呼ぶ

DF2人を引き連れていく

スクリーナーにパスを出してシュートを狙う

つけておけば、ビッグマンとの間にギャップができ、外のシュートが狙えるようになります。スクリーナーのディフェンスが戻れないエリアまでポップすることが重要です。

### ボールから目を切らずにポップする

ピック&ポップでスクリーナーが意識するポイントは、常にボールから目を切らさずにポップすることです。ボールから目を離してターンをしてしまうと、すぐに次のプレーに移ることができないからです。

また先ほどの45度のプレーだけでなく、縦のパターンもあります。近代バスケではサイズのある選手も外からのシュートが打てるようになっていますので、今後はこのようなプレーがかなり有効になってきます。

# スクリーンからのダイブで3人目の選手を活かす

## シングルタグの場合の2パターンの攻撃展開

2対2で攻めていくグループ戦術で、ハンドラーがアタックかスクリーナーがダイブかという2つの選択肢を持って相手を出し抜いていきます。

スクリーンアクションが上手くいったときに、ダイバーに対してのディフェンスがどのようにカバー（タグ）にいくかによってプレーを変えます。基本的にカバーにいったディフェンスにつかれていた選手がオープンになるため、その選手かダイバーを使って得点を狙います。

動画はこちら

### シングルタグで守られた場合

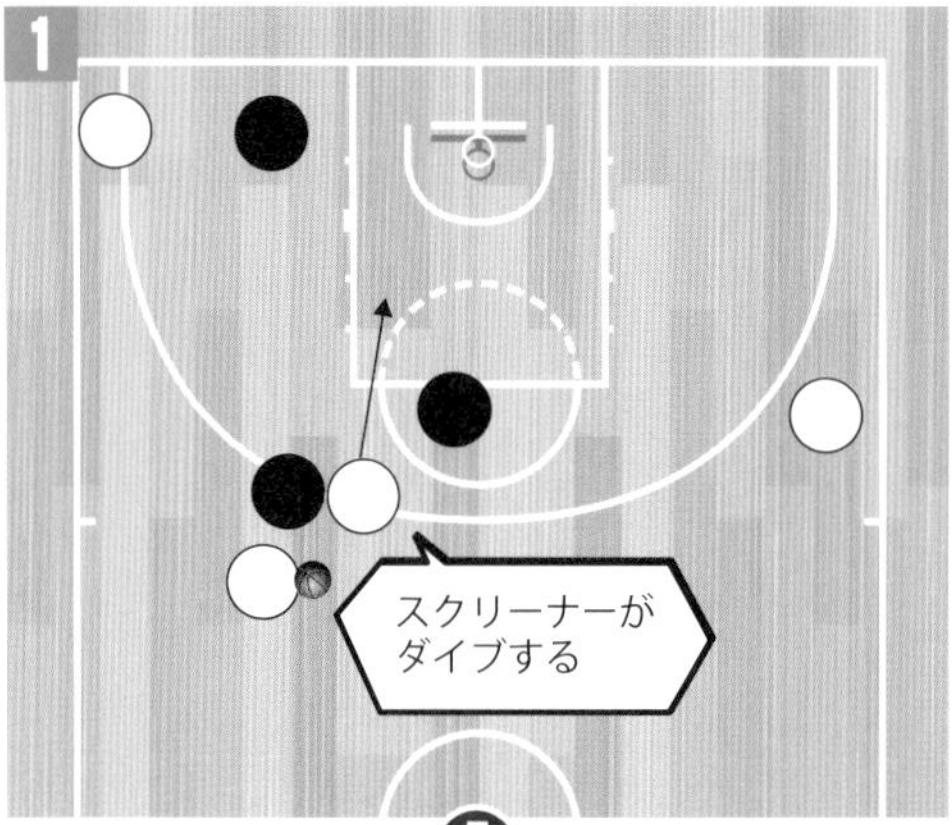


スクリーナーがダイブする

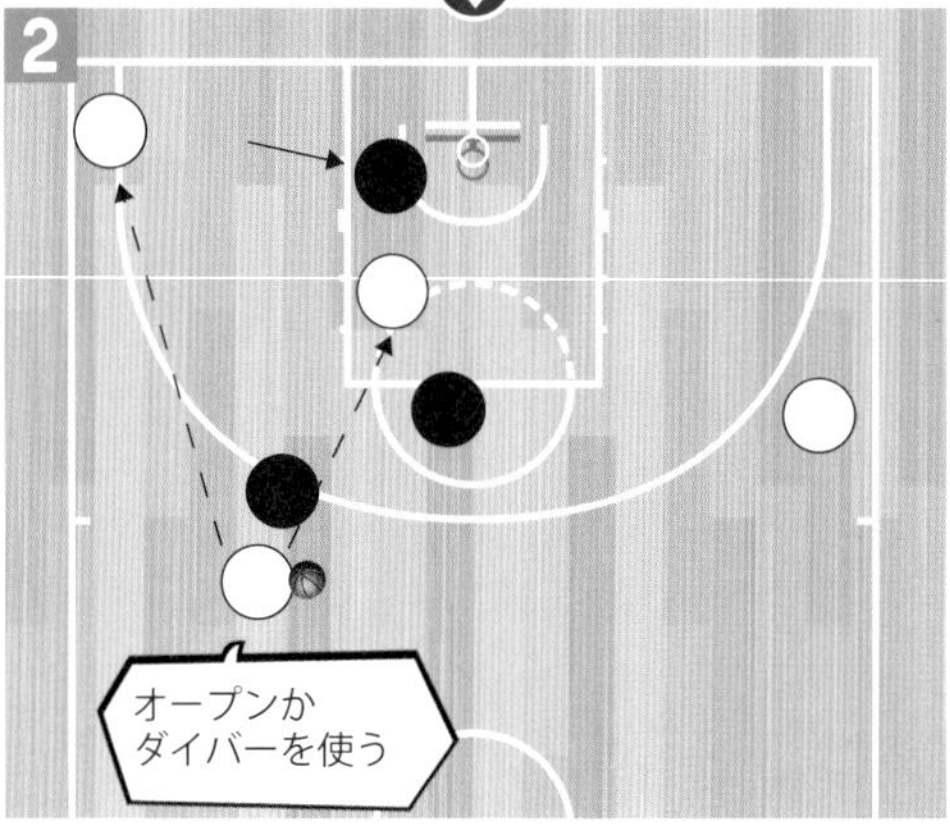


オープンになった選手かダイバーを使って攻める

# ダブルタグで守られた場合

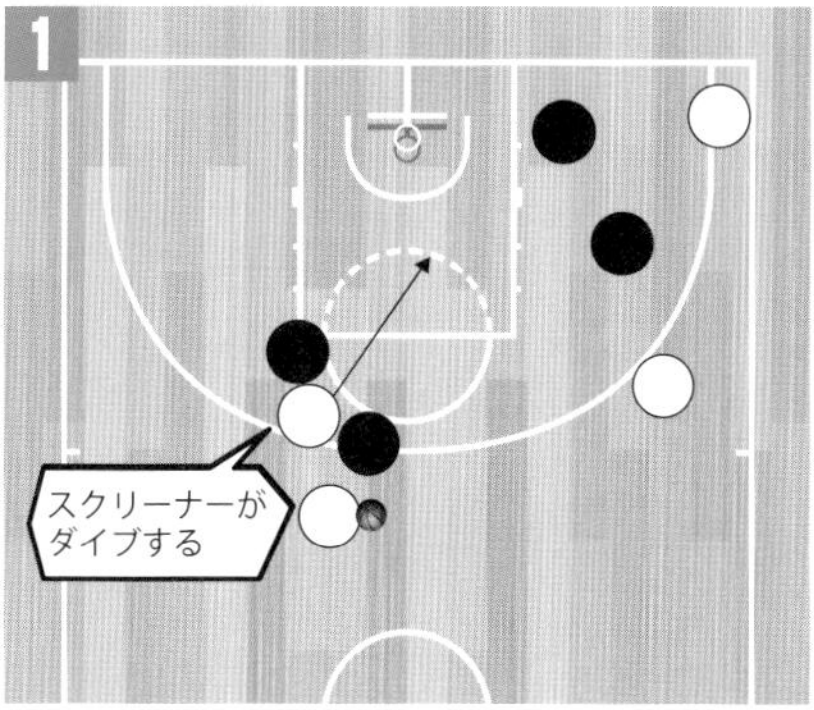


スクリーナーがダイブする

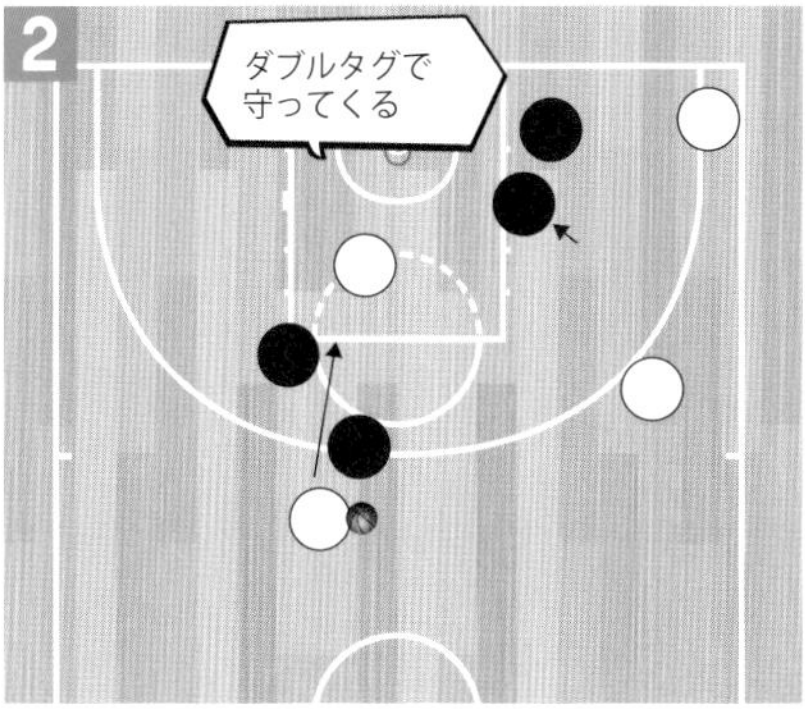


ダブルタグで守られる

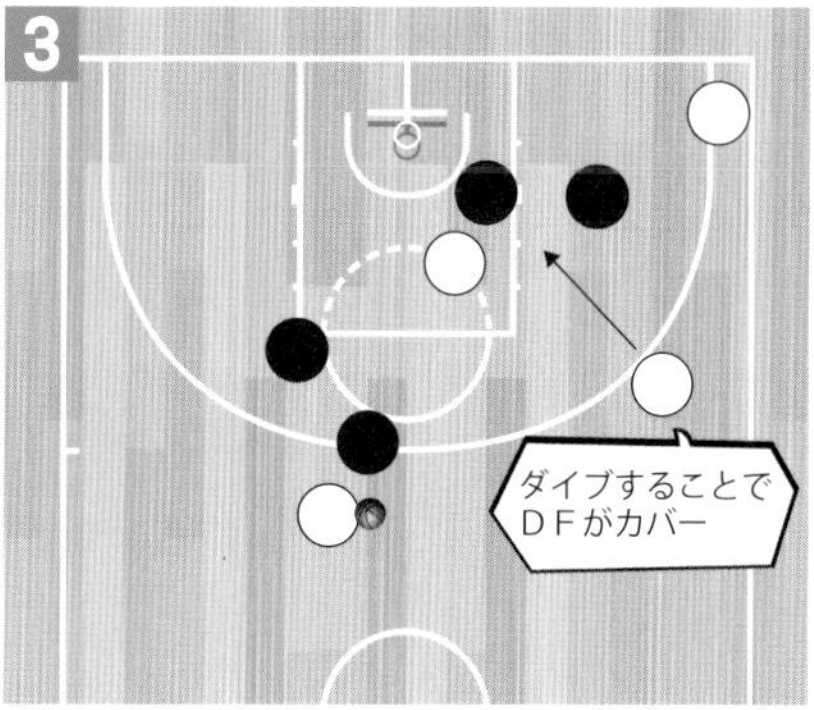


45度からダイブする

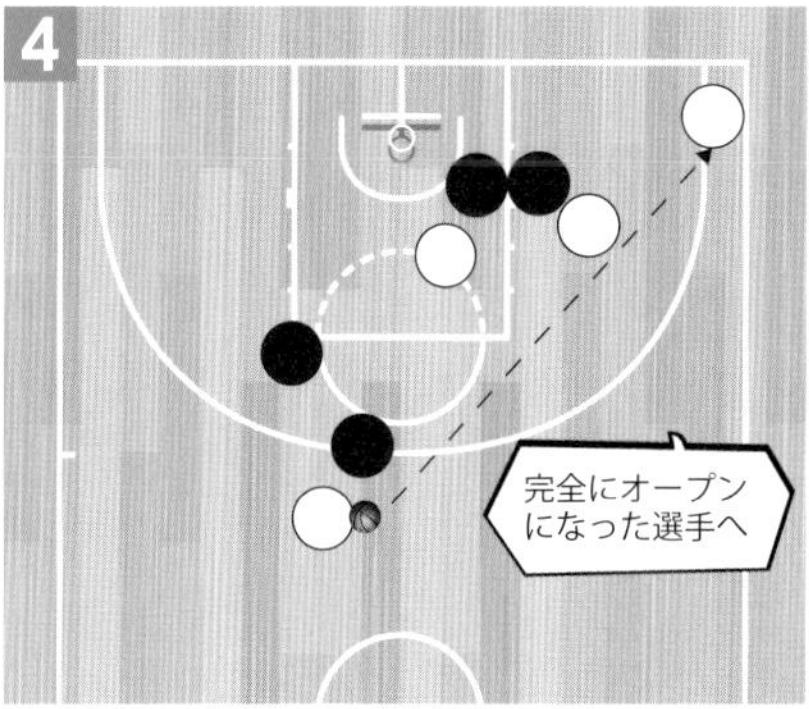


完全にオープンな選手かダイバーを使って攻める

## ダブルタグの場合の2パターンの攻撃展開

続いてスクリーンアクションからダイブをした際に、ディフェンスがダブルタブで来た場合のプレーの例を紹介します。2人のディフェンスのうち近いほうの選手がカバーに来た場合、これでも十分にオープンになっています。ですがここからさらに被して最後にワイドオープンを作りにいきます。そこでタグに入った選手につかれていた味方がダイブすると、コーナーのディフェンスがカバーにいかざるを得なくなります。そこでバンプして壁になれば完全なワイドオープンが生まれます。万が一ダイブした選手へのカバーがなければ、ダイブした選手を使うという選択肢もあります。さらにもう1つのパターンは動画で紹介します。

# 速攻のパス
## ―出し手と受け手のポイント―

動画はこちら

## ワンパス&ワンシュートで決める

ボールを受ける前に首をキョロキョロと動かし前を見ておく。ボールを受けたらすぐにパス

受け手は出し手を見ながら走り、ランニングシュートを決める

### 速攻の理想はワンパス&ワンシュートで決める

時に走っている選手がボールを見ていないことがあります。ガードの選手はパスを出したい選手の名前を呼び、走っている選手はボールを見ながら走ることが大切です。

そして理想的な速攻は、ワンパス&ワンシュートで終われることです。出し手と受け手がそれぞれ自分のポイントを大事にして、ロスのない速攻を目指しましょう。ポイントについては上の写真で解説をしていますので、そちらを参考にしてください。

PART 3
得点につながるパスの考え方⑪

# 速攻のアウトレットパスのポイント

マイボールになる前から速攻の意思を伝える

速攻はリレーと同じでバトンの受け渡しの速さが重要です。

ここでは、リバウンドからのアウトレットパスのパターンを紹介します。受け手で重要な動きは空間があれば直線的（Iカット）に走ることです。空間がなければバナナカットで走ります。

それからガードはリバウンドが取れると判断したら、マイボールになる前から声や手拍子で味方に速攻の意思を伝え、素早いスタートにつなげます。

動画はこちら

## 速攻の基本

1

マイボールになる前から声や合図でチームに速攻の意思を伝える

2

前に空間が空いていれば受け手は直線的に走る。空いていない場合はバナナカットで走る

# アウトナンバー2対1でのパス

動画はこちら

## いけたら自分で攻め無理ならパスを選択

2対1というオフェンス有利のシチュエーションでのパスの考え方を紹介します。この場合、基本的には自分が攻められたら攻めます。そしてディフェンスが寄ってきたらパスを出します。このシンプルなセオリーを念頭におきます。一方でディフェンスは数的不利ではあるものの、簡単にスコアを取られたくないため、いろいろな駆け引きをしてきます。その際にパスを狙っていることを悟られないことが大切です。

### 基本的な考え方

1

自分でいけるようであれば自分で攻める

2

ディフェンスが寄ってきたらパスを出す

## 逆側の手でドリブルを突くと…

味方と逆側の右手でドリブルを突く

ボールを持ち直してパスするためディフェンスにパスを察知される

## 味方側の手でドリブルを突くと…

味方に近い左手でドリブルを突く

ノーモーションでパスを出すことができる

### 味方に近いほうの手でドリブルする

DFにパスを予測されないためには、隣を走っている味方側の手でドリブルを突きます。もしも逆の手でドリブルをしていると、パスを出す際に角度を作れなかったり、ボールを持ち直す必要があります。するとディフェンスはパスの狙いを察知してけん制して戻る動きをしてきます。これを味方に近いほうの手でボールを操ることで、パスのタイミングを予測されることなく、ノーモーションでパスを出すことができます。2対1というシチュエーションのアドバンテージを活かして攻めることができるのです。絶好のチャンスを確実に活かせるように、普段の練習からこの動きを練習していきましょう。

# ディフェンスが横に並んでいるケース

3対2でのやりがちなよくない2つのプレー

動画はこちら

こちらが有利な3対2でディフェンスが横に並んでいる状況での攻め方のセオリーを紹介します。まずはよくないプレーですが、1つはこちらが数的優位な状況にも関わらずウイングが1人で攻めてしまうパターンです。攻めきれずにパスを戻したとしてもよい展開につながりにくくなります。もう1つは速攻だからといってウイングが全力で走ってしまうパターンです。すると全体のラインが前に進みすぎてしまい、効果的に攻められません。

## ありがちなNGプレー

ウイングが1人でボールを持ちこみ、ボールを戻しても有利に展開できない

ウイングが全力で駆けこんでしまい、ラインが前に進みすぎてしまう

## 基本は真ん中を割っていく

1

真ん中を割っていくように仕掛ける

2

ウイングはタイミングを合わせて走り込み、ボールマンはディフェンスが寄ってきたら寄ってきたほうの味方にパスを出す

### 基本は真ん中を割り寄ってきたらパス

先ほどのよくないプレーを回避するためにはどうすればよいでしょうか？　基本的な考え方は真ん中の選手がディフェンス2人の真ん中を割っていくことです。そしてディフェンスが寄ってきたら、寄ってきたほうにパスを出します。もちろん自分でいけたら自分で攻め切ります。またウイングが全力で走ってしまうことを防ぐためには、闇雲に走り出すのではなく、3人が呼吸を合わせ、ウイングは飛び出すタイミングを図るようにします。そのためには日頃の練習からコミュニケーションを取り、動き出しのタイミングを練習しましょう。この2つの考え方が身につくことで、3対2のシチュエーションで優位に展開することができます。

# ディフェンスが縦に並んでいるケース

## ありがちなNGプレー

真ん中の選手が１人でボールを持ちこむ

上手く守られてしまい難しいシュートを打つしかなくなる

### ボールマンが真ん中を割ってしまう

続いて3対2のシチュエーションでディフェンスが縦に2人並んでいる場合の攻め方です。この場合によくあるＮＧプレーは、真ん中の選手が１人で割っていくもののディフェンスにラインを下げられてしまうことです。こうなるとディフェンスに上手く守られてしまうため、外角シュートや難しい競り合ったシュートを打つしかなくなり、3対2の数的優位な状況を活かしたプレーにつながらなくなってしまいます。

動画はこちら

# パスでDFラインを動かしリターンをもらう

すぐにパスを出す

ディフェンスが寄ってきたらリターンパス

真ん中を割っていきディフェンスが寄ってきたらパス

最後はレイアップシュートで確実に決める

## パスを出してDFを動かしリターンパスから攻めきる

ではどうするかというと、早い段階で左右の味方にパスを出します。するとディフェンスはボールを押さえようと動くため、すぐに真ん中の選手にリターンパスを出します。こうすることでディフェンスラインが動き、72ページと同じシチュエーションが生まれます。ここから真ん中の選手がど真ん中を割っていき、いける場合は自分でシュートへ、ディフェンスが寄ってきたら、寄ってきたほうの味方にパスを出して攻めきります。上手くディフェンスを動かすことで、得点する確率の高い簡単なレイアップシュートに持ち込めます。ディフェンスが横にいても縦にいても、確実なレイアップシュートで終われるように練習してください。

Column BASKETBALL

コラム
03

## 視野とは意識を置ける場所の数

「視野が広くなるにはどうすればいいですか？」。よくこの質問を受けます。

僕が感じているのは、視野が広いと言われる人が、カメレオンのように特別に「視界（目で見通せる範囲）」が広いわけではないということです。視野とは見えてるレンジの幅ではなく、「意識をおける場所の数」だと思っています。そういう意味では、視野というよりも「視点の数」だと考えています。

「コートの中でどのような視点を持ってプレーしているのか」。この意識を置けるポイントの数が多ければ、人よりも「見える」選手になれると思います。

話を広げるとすべてのプレーが同じです。コート上で目を開いて前を向けば、誰しも目が捉えている景色は同じです。その中で「今、ここ空いてるな！」「パスで突いていける！」「スクリーンの後チャンスが生まれる！」などのように、狙い目を捉える力（＝視点）を持てる選手が視野の広い選手なのだと思います。

シュートやドリブルなどの個人スキルもそうですが、やはりパスの視点や、正しい判断をしっかりと伝えたいと思います。これはすなわち「バスケットを考える力」とも言えます。

「なぜそこが空くのか？」「なぜチャンスなのか？」「どうやったらその狙い目が出来るのか？」などの考え方を、本書でもたくさん伝えています。その内容を参考に、ぜひ皆さん自身で冒頭の質問への回答を導き出してください。

PART 4

# 具体的なパステクニック

PART 4
正面で出すパス①

# チェストパス

## 強く速いパスを出す

正面

腕がハの字になるように構え、ボールの縫い目が集まる部分を持つ

フォロースルーをしたときに両手の親指が下を向くように真っすぐパスを出す

横

左右どちらかの脚を踏み出しながらパスモーションに入る

ストレートだけでなくバウンズも行う

ボールに手の反発を伝えながら速いパスを相手の胸に届ける

### ボールを弾くようにして強くて速いパスを出す

正対した状態で自分の胸辺りから相手の胸辺りに出す基本的なパスです。左右どちらかの脚を前に出しながらボールを出します。強く速いパスを出すために、以前は「ボールを押し出しフォロースルーをする」と指導されていましたが、私の感覚では強くボールを弾くように出します。しっかりとバックスピンをかけ、ボールを受けた選手がすぐに次のプレーに移れるようにします。ストレートだけでなく、バウンズのパスも行います。

動画はこちら

# プッシュパス

## 身体をずらしてコースを作る

面に対して左右どちらかにずらすことでパスコースが作り出せる

味方との間にディフェンスがいると、肩から腰（ボックス）の中からパスを出しても通らない

脚を入れながら身体をずらしてパスコースを作り出す

できたパスコースにボールをプッシュしてパスを出す

## ボックスから身体をずらしてパスコースを作り出す

プッシュパスのポイントは、肩から腰までのボックス（スクエア）から少しずらすようにしてボールを押し出すことです。チェストパスの場合にディフェンスが味方との間にいると、パスが通らなくなってしまいます。ところがボックスからずらすことで、ボールの通り道を作り出せます。パスの角度を作ってから、プッシュする（押し出す）ようにパスを出します。ストレートだけでなく、バウンズパスも取り入れましょう。

動画はこちら

# オーバーヘッドパス

## タイミングを外して出す

ボールを上げて構える

ステップ・身体の向き・ボール・目線の方向の4点が一緒になると、容易にコースやタイミングを予測されてしまう

下を向いて4つのポイントをちぐはぐにする

ディフェンスの手が止まった瞬間にパスを出す

**身体の4点をちぐはぐにしディフェンスの手を止めてパス**

このパスは身体の上の空間を使ったパスになります。注意点としては、サッカーのスローインのように振りかぶらないことです。振りかぶると後ろにディフェンスがいた場合、カットされてしまいます。またディフェンスはこちらの①ステップ②身体の向き③ボール④目線を見て、パスのタイミングを予測します。この4点が一緒にではなく、ちぐはぐになるように動き、ディフェンスの手が止まる時間を作ったうえで上からのパスを出します。

動画はこちら

PART 4
正面で出すパス④

# サイドピック・アンダーピック・オーバーハンドピック

**ボールを引くことで保持し様々な角度から素早く出す**

ピックとはボールを保持することで、ボールを保持した状態から角度を作り、上や下、横からパスを出します。ポイントは肩甲骨や胸の骨（胸郭）を柔らかく使い、ボールを片手で保持することです。またボールのコア（中心）を片手でしっかりと捉え、腕を引く動作だけでボールを保持し、どこからでも素早くパスを出せるようにします。NBAでも活躍したカンパッソ選手がキラーパスとしてよく使っている、実戦でも非常に使えるパスです。

動画はこちら

## サイドピック

片手でボールのコアを捉え、腕を引き込んで保持する

左右
どちらからでも
出せるように
する
身体の横から素早くパスを出す

## アンダーピック

片手でボールを保持して腕を引き込む

左右
どちらからでも
出せるように
する
ディフェンスの脇の下にあるスペースを利用してアンダースローで素早くパスを出す

## オーバーハンドピック

ドリブルなどでディフェンスの手が下がっている場面で有効

左右
どちらからでも
出せるように
する
素早く上からパスを出す

# ピボットパス(オープン、クロス)

## ピボットで素早く角度を作りパスアングルを確保する

ピボットをすることで目の前のディフェンスに対してずれを作り、パスアングルを確保します。フットワークが増えるため運動量が必要になりますが、この動きはバスケットボールにおいて空間を支配するためにはとても重要であり有効になります。ピボットパスにはお腹が開いた状態で脚を横に出すオープンでのパスと、脚をクロスに入れるクローズスタンスパスがあります。私は素早くクロスして角度を作ることを意図的に行います。

### オープンのピボットパス

パスアングルを確保してパスを出す

お腹が開いた状態で脚を横に出す

### クロスのピボットパス

角度を作ってパスを出す

脚をクロスに入れて出す

動画はこちら

PART 4
横を向いて出す
パス①

# ドロップパス

## 最短最速のパス

横にいる味方に素早く出せるパスを身につけておく必要がある

横にいる味方に対して身体の向きを変えているとパスに時間がかかってしまう

トリプルスレットの姿勢を取る

コンパクトなモーションでバウンズさせて横にパスを出す

### あらゆるパスのなかで最短最速のパス

ここからは横にいる味方に出すパスを紹介していきます。味方が横にいる場合にいちいち向きを変えてパスをしようとすると、パスを出すまでに時間がかかってしまいます。そのため味方が横にいる場合に素早く出せるパスを身につけておく必要があります。

なかでもドロップパスは、最短最速で出せるパスと言われています。トリプルスレットからコンパクトなモーションでボールをバウンズさせて味方にボールを届けます。

動画はこちら

PART 4
横を向いて出すパス②

# サイドスナップパス

## 手首のスナップで出す

利き手の手首を返すようにしてボールを持つ

手首のスナップを使ってバウンズするパスを出す

試合では脚を入れて角度をつけることが多い

角度をつけてから手首のスナップでパスを出す

### 右側にいる味方に出すパスの1つ

利き手の手首を返すようにしてボールを持ち、手首をスナップさせて出すパスがサイドスナップパスです。その場で真横に出す場合もありますが、試合では脚を入れて角度を作ってから出すバウンズパスが有効です。

私は右利きですので右側に出すパスの選択肢にしていますが、左手でこのパスを出そうとしてもしっくりきません。そのため左側にパスを出す場合には先ほどのドロップパスを用います。

動画はこちら

PART 4
横を向いて出すパス③

# フックパス

## 立体的な山なりパス

腕を上げながら手首をスナップする

横にいる味方に山なりにパスを出す

### 空間を使った横に出すパス

フックパスはシンプルですが、ディフェンスをかわして立体的にパスを届けたいときに使います。出し方は腕を上げながら手首を横にスナップし、山なりにパスを出します。

ディフェンスがドロップパスなど平面で横に出すパスを意識している場合は、空間（上）への意識がありません。そのような場合に空間を使うことで、確実に味方へボールを届けることができます。ディフェンスとの駆け引きや味方の取りやすさを考えて使いましょう。

動画はこちら

# ビハインドパス

## 背面にボールを通す

後ろの味方がフリーになる状況で有効なパス

身体の背面にボールを通してバウンズパスを出す

### 身体の背面を通して出すバウンズパス

ビハインドパスは特に奇をてらったパスではありません。身体の背面にボールを回して出すパスもできるようになってください。

このパスが活きるシチュエーションですが、私の場合は45度のピック&ロールでよく使います。詳細は動画をご覧いただきたいのですが、ゴール前に仕掛けて2人のディフェンスがケアに来た場合は味方がフリーになります。その味方に素早くボールを届けたい場合に非常に有効なパスになります。

動画はこちら

PART 4
横を向いて出すパス⑤

# ビハインドネックパス

## 首の後ろからスナップしてボールを届けるパス

ビハインドネックパスは、首の後ろから出すパスになります。手のひらを、ボールを届けたいほう向けてスナップすることがポイントです。またブラインドからパスを出すため、思い切りも大切です。

このパスが有効なシチュエーションの例は、数的優位の2対1の場面でサイズのあるディフェンスが立ふさがっている状況です。この場合はブロックを狙ってくる傾向があるため、アタックと見せかけて味方にこのパスでボールを届けます。

動画はこちら

## 手のひらを投げたいほうへ向けてスナップ

アタックを仕掛けてもブロックされてしまう可能性が高い

1
サイズが大きなディフェンスが立ふさがっている状況

2
アタックを仕掛けるように見せて首の後ろからボールを届ける

3
ボールを届ける味方のほうに手のひらが向くようにスナップする

# レッグパス

## 前後や上からではなく股下からのパス

1

アタックを仕掛けるなどプレーの流れのなかで使う

2

股下からバウンズパスを出して味方にボールを届ける

### プレーの流れのなかから股下を通して出す

レッグパスは股の間を通してボールを届けるパスになります。このパスも奇をてらったりすることが目的ではなく、有効なシチュエーションがあります。例えば試合中、ピック&ロールで横にいる味方にボールを届けたい場合に、身体の前や後ろ、空間（上）からのパスがディフェンスにカットされると感じる状況があります。このような場合にプレーの流れのなかからレッグパスを出します。ディフェンスの位置によってはとても有効なパスです。

動画はこちら

PART 4
背面に出すパス①

# 背面スローイングパス

## 背中側へ真っすぐ投げる

背面の味方に対して背中を真っすぐに向ける

真後ろに向かってパスを届ける

### 背面にいる味方に素早くボールを届けるパス

背面スローイングパスは、背中側の味方がノーマークだった場合に有効なパスになります。背面にいる味方に対していちいち身体の向きを変えていたら、すぐにディフェンスにつかれてしまいます。ノーマークの味方には、できるだけ素早くパスを届けることが重要です。

背面スローイングパスですが、背面の味方に対して真っすぐに背中を向けていれば、パスは真後ろにしか飛びません。自信を持って背面にパスを出します。

動画はこちら

# 背面パスでの合わせ

## 背面パスが活きる状況

アタックを仕掛けてディフェンス2人を引き連れる

背面に走り込んだ味方に合わせることで簡単にフリーが作れる

### 背面パスが活かせるシチュエーションの例

背面パスの有効な使い方を紹介します。例えばドライブのアタックを仕掛けた時に、味方に自分の背面に合わせてもらいます。自分がディフェンス2人を引き連れていくため、簡単にオープンを作ることができます。NBAではスティーブ・ナッシュ選手はこのパスを使って簡単にスコアにつなげていました。他にも背面パスが活きるシチュエーションがありますが、そのプレーは動画にまとめましたので、そちらもご覧ください。

動画はこちら

PART 4
背面に出すパス③

# 背面バウンズパス（レッグパス）

## 背面側の味方に合わせる

1 ディフェンスが引き気味でついている状況

2 突進するように仕掛けながら背面にレッグパスを出す

3 パス後はディフェンスを押さえにいく

4 味方が完全にフリーになる

### 背面にいる味方を簡単にフリーにするパス

背面にいる味方にパスを出してフリーの状態を作るパスの届け方のバリエーションです。Bリーグの河村勇輝選手がよく使っていますが、ディフェンスが引き気味でついている場合には、突進するように攻めます。そして味方が背面側に合わせてくれるとそこにレッグパスや背面パスを出すことで簡単にスコアにつなげられます。

パスを出した後はそのままディフェンスを押さえにいくことで、より有利な状況を作り出せます。

動画はこちら

# リバースターンからの背面バウンズパス

## 流れるように行う

スクリーンプレーがしっかりとかかった状態

ディフェンス間を通すパスと見せかけるために両脚ジャンプで着地する

素早くリバースターンを行う

その流れのなかで背面バウンズパスを出す

## DFの心理を逆手に取ったパス

私が実戦でよく狙う反転して出すパスです。スクリーンプレーをしっかりとかけた状況では、ディフェンスはディフェンス間を狙ったパスにリーチしようと考えがちです。その心理を利用して、一度両脚ジャンプをしてディフェンス間を通すパスを出すように見せかけます。そこからリバースターンで反転しながら味方にパスを届けます。このパスで重要になるのがテンポです。着地してからパスを出すまで、スムーズにステップし角度を作ります。

動画はこちら

## 背面側の味方に合わせる

レイアップにいくと見せかけ、その間に味方が背面に入る

背面の味方に上からトスを上げ、自分はディフェンスを押さえにいく



# レイアップと見せて背面トス

背面にいる味方に上からトスを出す

91ページで紹介した背面バウンズパス（レッグパス）と同じシチュエーションで使えるもう1つの背面へのパスです。突進するように仕掛けてからレイアップを狙うと見せかけ、上から背面にトスを出します。パスを届けた後はそのままディフェンスを押さえにいきます。そうすることで簡単にスコアにつなげられる、より有利な状況を作り出せます。背面バウンズパスと合わせて、状況に応じて使い分けられるようにしましょう。

動画はこちら

# ジャンピングパス

## 立体的にオープンに出す

1

ディフェンスが最も嫌がるシュートを狙うように見せる

2

ディフェンスよりも早くジャンプをする

3

立体的なパスを出すことで確実に味方に届けられる

4

オープンの味方がシュートを狙う

**ディフェンスの意識を平面にさせ立体的なパスを繰り出す**

このジャンピングパスも試合でよく使います。常に意識していることの1つは、そのディフェンスがカバーに来たら、ディフェンスがついていた味方がオープンになるという「ディフェンスを集めて散らす」ことです。ディフェンスはシュートにいかれることを嫌がるため、平面を割ってシュートにいくと見せかけて、立体的な空間を使って味方にパスを届けます。ディフェンスよりも先にジャンプをすることで、素早くパスが出せます。

動画はこちら

PART 4
立体から出すパス②

# レイアップパス

## レイアップモーションからパス

勢いよく突進する

目線、身体の向き、エネルギーでシュートを打つと思わせる

レイアップのモーションから空間にパスを出す

平面のパスが通せない状況では有効になる

### ブロックにくるDFをかわせるパス

ビッグマンがディフェンスに入った場合、おおよそ最後はブロックを狙ってきます。その習性を利用するのが、レイアップモーションから空間にパスするレイアップパスです。

ポイントは目線や身体の向き、エネルギーによって「完全にシュートを打つ」と見せることと、勢いよく突進することです。そうすることでディフェンスに「シュートにくる」と思わせておいて、味方にパスを届けられます。平面でパスを通せない場合に有効なパスの1つです。

動画はこちら

# ボードパス

## ブロックが届かない高いパス

1 ディフェンスがビッグマンの場合にはブロックされるリスクが高くなる

2 そのような場合はボードの上を狙ってソフトなパスを出す

3 バックボードにソフトに当たることで味方が捕りやすいパスになる

強くボードに当ててしまうと味方が捕りにくいパスになってしまう

### バックボードを使って高さのあるパスを届ける

ボードパスは言葉通りバックボードを使ったパスです。

ゴール近くのディフェンスがビッグマン（リムプロテクター）の場合、シュートがブロックされるリスクがあります。その際にブロックが届かない高いパスをバックボードに当て、逆サイドの味方にボールを届けます。

ポイントはバックボードの上のほうを狙い、ソフトに当てることです。強く当てると味方が捕りにくいパスになるため、練習のなかで感覚をつかみましょう。

動画はこちら

## 早い段階で身につけてほしいパス

腕全体を真っすぐにして遠心力を使って投げる

手はボールを届けたいほうに向かって真っすぐに振り下ろす

PART 4
ロングパス①

# ぶん投げパス

**腕全体を真っすぐにして遠心力を使って投げる**

ぶん投げパスは私が得意としているる片手でのロングパスになります。このパスのポイントは、背骨や肩甲骨を柔らかく使ってボールの中心（コア）を捉え、腕を真っすぐにした状態で投げることです。腕全体を真っすぐにして振ることで、遠心力を使った強く遠くへのパスが出せます。肩を捻じって投げると筋肉を傷めるリスクがあるため、捻じらずに真っすぐ腕を振り下ろすイメージです。できるだけ早い段階からこのパスを身につけてください。

動画はこちら

# アンダースローパス（ラメロ）

## 最速で味方にボールを届けるアンダースローパス

速攻のワンパス&ワンシュートで決めてもらいたいときに有効なロングパスです。「ベースボールパスでいいじゃないか」と思うかもしれませんが、上からのパスは振りかぶる分、時間がかかります。ところがこのアンダースローパスであれば、振りかぶる必要がないため素早くパスが出せます。またバックスピンをかけてあげると味方が捕りやすくなります。ボールを弾くイメージで投げると、適度に捕りやすいドライブ回転がかかります。

動画はこちら

## 素早く遠くに出せるパス

味方とのライン上にディフェンスがいない状況で使うパス

プレーの流れからボールを素早く捉える

そのままアンダースローでパスを出す

PART 4
ロングパス③

# 山なりパス

## 振りかぶり過ぎずに投げる

ディフェンスがパスコースに入っている場合は山なりのパスを選択する

素早くボールを引き、腕を伸ばしたまま山なりに投げる

### ディフェンスがコース上にいる場合に選択するパス

味方とのライン上にディフェンスが入る場合はアンダーからのパスは通りません。その場合にはディフェンスの上を通る山なりのパスを選択します。

上からのパスで気をつけたいことは、意外と遠くに投げてしまうことです。たくさん投げて距離感をつかみましょう。振りかぶっている時間でカットされたり、よいポジションに入られる隙を与えてしまいます。腕を伸ばした状態で素早く引き寄せてから山なりにボールを投げます。

動画はこちら

コラム
04

# もっと褒めて認めてあげたらいいのに

「あまりにも大人が怒りすぎる」。

「褒めたり認めたりしなさすぎる」。

ときにそう感じることがあります。

怒ることで選手を委縮させせることはやはり考え物です。「選手を下向きにするマイナスな言葉」「ステート(感情)を崩す無粋な言葉」「練習のテンションを下げる非洗練な言葉」があれば慎み、修正をし、バスケット本来の楽しさを味わえる世界を創ってもらいたいものです。

バスケットをする子どもたちが「より前向きに」「よりバスケを楽しめる」「より明るく主体的に行動できる」など、自己成長に向けて全力で取り組めたらベストです。そしてこの環境創りは、周りが怒ったり外圧をかけなくてもできることです。指導者が「外から教える指導」ではなく、選手たちの「内から引き出す指導」が理想です。

選手たちが内発的動機づけのもと、主体的にバスケットに取り組む姿は、みな等しく笑顔でハツラツとしています。そして、このときの選手の表情は一番ツヤがよく、僕が好きな瞬間です。

未来ある選手たちに掛ける言葉はその子たちのセルフイメージとなり、のちの人生にも影響を及ぼします。発する言葉に対して、もっともっと考えるべきです。本書でリンクしている動画を見る際には、具体的な声かけもポイントにして見てください。

PART 5

# パスでありがちな問題と解決法

問題①

# パスがカットされる

## 正答例

動画はこちら

1 次のプレーのプランを持ちながらディフェンスとの距離間を大事にする

2 角度とリリースのタイミング、スポットを読まれないようにする など

### 正答例1 次のプレーのプランを持ちながらディフェンスとの距離間を大事にする

カバーディフェンスにカットされない距離間でパスを出す

アタックを仕掛けながら周辺視野で状況を把握し、同時に次のプランを考えておく

### 正答例2 角度とリリースのタイミング、スポットを読まれないようにする

パスコースに角度をつけ、リリースのタイミングとスポットを読まれないようにパスを出す

ディフェンスに予測されやすい4つのステップを踏まないようにパスを狙う

## アタックを仕掛けながら次のプランを用意しておく

パスとは味方にボールを届けるプレーですが、その間には必ずディフェンスがいます。そのため、ディフェンスという障壁をどのようにして越えるかを常に考える必要があります。私の場合は、カバーディフェンスの障壁をかわせる位置からパスを出すことを大事にしています。

よくないプレーとしては、アタックを仕掛ける→止められてからパスを考える→つぶされるという流れがあります。第1案としてシュートを狙うアタックはとてもよいのですが、事前に止められたときの第2案であるパス、それも「この流れであればここに出す」という出し先までプランニングして攻めることが大切です。

またボールを持ちすぎてしまい、止められるケースもあります。ドリブルを2、3回突くのではなく、1回のドリブルで判断をし、すぐに味方にパスを届けることで味方をフリーにできることが往々にしてあります。

## パスが読まれる4ステップにならないように出す

ディフェンスの立場になって考えると、カットされにくいパスがどのような動きかというヒントになります。カットされやすいパスというのは、パスのコースに角度がなかったり、リリースするタイミングがばれていることが多いです。

またパスカットされるパターンで多い動きは、攻めきれずに困る→味方を探す→パスを出す構えをする→パスを出すという4つのステップです。このような動きをする選手に対しては、ディフェンスは容易に予測を立てることができます。

ディフェンスに動きを予測させないためには、この4つのステップにならないようにパスを出すことです。まずは困ったように見せないこと。そして周辺視野で常に状況を捉えておき、パスを出す味方を見ると同時にパスを出します。このような動きができるとカットされる確率が低くなるでしょう。

パスコースに角度をつけ、リリースのタイミングを読まれないようにし、リリースするスポット（位置）も読まれないこと。そして4つのステップを踏まないこと。ここに注意してプレーしてみてください。

問題②

# 味方からのパスが来ない

## 正答例

動画はこちら

1 声やジェスチャー、目線でパサーとコミュニケーションを取る
2 パサーも声を出したり、どのように動いてほしいのかを声に出す　など

### 正答例1 声やジェスチャー、目線でパサーとコミュニケーションを取る

パサーの意図を汲みながら動く

声を出したり、目線を合わせてパスを要求する

### 正答例2 パサーも声を出したり、どのように動いてほしいのかを声に出す

受け手にしてもらいたいプレーを口に出す

アタックしながら受け手に声をかける

## 声やジェスチャー、目線でコミュニケーションを取る

パスは出し手だけでも受け手だけでも成立しません。両方のコミュニケーションがしっかりと取れていることで成立します。そのコミュニケーションが「声を出す」「ジェスチャーで呼んだり指示を出す」「目を合わせる」などです。それに加えてディフェンスを押し込んでおいてタイミングよく動き出したりすることも必要になります。こうしたコミュニケーションが取れるようになるためには、まずは目線を上げてプレーをすることです。周囲の状況を常に見ながら動くことで目が合う回数が増えたり、パサーの意図が読みやすくなります。また名前を読んだり、声でボールを要求することも大切です。動きながら声を出すことは体力がいるため意外と徹底できないものです。ぜひ練習から習慣にして、仲間とよいコミュニケーションが取れる関係性を構築してください。

## 出し手と受け手双方の意図を声に出す

パスが来ないことは、パサー側に問題があるケースも少なくありません。例えばボールを見ながらドリブルしていて、パスを出したいときに目線を上げるプレーです。このようなプレーに対してディフェンスは、目線を上げたタイミングを見計らってシャットしてきます。そうならないためには目線を上げ、周囲を見ながらプレーすることです。

また自分がパスを出したいときに受け手が動いてくれる関係性を作ることがとても大切です。例えばドライブをシャットアウトされたとします。その際に「裏に動いて」「外に開いて」などとパサーの意図を声に出して味方に伝えます。また受け手がパスを受けたら「そこで3Pを打って」「仕掛けて」など、自分が意図しているプレーの展開を声に出します。普段の練習から意図を声に出すことで、相手がプレーでも迷わなくなります。

お互いの理解度が深まればオフェンスに軸ができるため、1本のパスがスコアにつながるケースが増えるでしょう。意思の疎通ができる関係性を日頃から作ってください。

問題③

# 囲まれてパスカットされる

## 正答例

**1** 囲まれる前に出す

**2** ディフェンスに意図を読まれにくくする

**3** ヘビーステップで時間を稼ぎ味方が来るのを待つ

動画はこちら

### 正答例 1

囲まれる前に出す

囲まれる前にパスを出すことを意識する

囲まれてしまうとパスコースが限定されたりつぶされてしまう

### 正答例 2

ディフェンスに意図を読まれにくくする

そうすることでディフェンスに意図を読まれずにパスを出すことができる

ステップ、ボディ、ボール、目線のうちどこかのつながりをなくす（ここでは目線）

### 正答例 3

万が一囲まれた場合は、ヘビーステップで時間を稼ぎ味方が来るのを待つ

時々攻める姿勢を見せてディフェンスを警戒させながら味方のヘルプを待つ

脚の動きを重くするヘビーステップを使う

## 囲まれる前にパスを出したり時間を稼いでヘルプを待つ

すぐに囲まれてしまう原因の1つにパスを出すタイミングが遅いことが挙げられます。やはりどれだけよいパステクニックを持っていても、ディフェンスに密着されてしまうとパスコースが限定されたりつぶされたりします。そうならないためには、ディフェンスと距離があるうちにパスを出すことが得策です。そのためには常に状況を把握できるように顔を上げ、ボールではなく周りを見ることが重要です。もちろんパスは味方との連携ですから、味方もボールマンが早めにパスを出せるように動き出す必要があります（正答例①）。

それから正答例③ですが、右の写真のように脚の動きを重くするヘビーステップという動きがあります。一瞬身体の向きをリング方向に向けて「攻めるぞ」と思わせながら動くことで、ディフェンスもこちらのアタックに警戒しながら守ることになります。そうして時間を稼ぎ、味方のヘルプを待ちます。

パスを出す前に囲まれてしまう場合には、ここで挙げた3つの方法を参考にしてみてください。

## 4点の身体のつながりをバラバラにする

パスでもシュートでも、身体は4つの部分が組み合わさって動作をします。それが①ステップ②ボディ③ボール④目線です。そして、この4点がつながった方向にパスやドライブをします。このことはもちろんディフェンスも把握しており、4点のつながりを守る予測の材料にしています。ではどうすればディフェンスに囲まれずにパスを出せるでしょうか？　ディフェンスは4点のつながりを見ているため、例えばステップとボディ、目線は同じほうを向けておき、ボールだけ別なほうに出します。それが正答例②です。またステップとボディ、ボールは同じほうを向いていますが、目線だけ別なほうに向けることでパスが通しやすくなります。このように意図的に4点のつながりをバラバラにすることで、ディフェンスに意図を読まれにくいパスが出せるようになります。

問題④

# パススピード・判断が遅い

## 》》》正答例

動画はこちら

**1** 全体をしっかりと見て状況を把握し、最適な次のプレーを考えながらパスを出す

**2** 味方が次のプレーに移りやすいパスを出す など

### 正答例1 全体をしっかりと見て状況を把握し、最適な次のプレーを考えながらパスを出す

誰がどのようなプレーをしたいのかを理解しながらパスを出す

常に全体の状況を把握しながらプレーする

### 正答例2 味方が次のプレーに移りやすいパスを出す

味方が次のプレーに移りやすいよう、身体のセンターラインに素早くパスを届ける

精度が高く素早いパスを瞬時に選択する

## 全体の状況を把握し常に最適化を考える

パススピードや判断が遅い選手に多いプレーは、パスの前に全体の状況を把握していないことです。アタックを仕掛けながら、「どこに誰がいてどのようなプレーをしたがっているのか」を理解することが大切になります。

その際にポイントとなるのが、最適化を考えることです。まだシュートが打てていないシューターにボールを集めたり、外にいるフリーの選手にボールを届けたりと、他の選手の考えにアンテナを立ててパスを出すようにします。

自分がボールを持っているときは、味方が自分にスペースができるように動いてくれています。その動きに対して、今度は味方にスペースができるように自分が動く（Giveする）という思いやりを持ちながらプレーをすることで、味方がプレーしやすいシチュエーションを作り出すことができるでしょう。

## 精度の高さを追求し味方が動きやすいパスを出す

パスを速くしたいという考えも大事ですが、先ほども述べたように味方を思いやる気持ちが大切です。例え速いパスが出せたとしても、「コースがずれている」「タイミングが合っていない」など精度が低いパスであれば、味方がキャッチしてから次のプレーに移るまでに時間がかかってしまったり、次のプレーの精度が落ちてしまいます。

もしもチェストパスが出せないようにディフェンスにつかれていたとしたら、バウンズパスで届ける、パスコースがなければジャンピングでパスを出すなどの工夫をし、できるだけ味方の身体のラインの真ん中にボールがいくようにします。そうすれば味方も容易に次のプレーに移れます。そして精度が高いパスを回すことができれば、ディフェンスラインを崩して得点のチャンスを作り出すことができます。日本代表など、トップレベルの選手たちもこのパスの精度を常に追求しています。状況を判断して誰にどのようなパスを出すのかを考えておき、同時に精度の高いパスを素早く届けること。これを意識しましょう。

問題⑤

# パスはどうすれば速くなるのか?

## 正答例

動画はこちら

1 速く出そうとするから速いパスが出せる

2 ボールの引き込みを速くする

### ドリル 1 素早くチェストパス

全力で
30秒間行う

最後は親指が下を向くように腕を捻じる

FOCUS

パワー


ポジションで
行う

ハの字で構えてボールを押し出す

### ドリル 2 8の字にボールを回してからパス

FOCUS

ボールを回したら素早く強いパスを出す

右の前から回す、右


の後ろから回す、左
の前から回す、左の
後ろから回すという
4パターンを行う

股の間を8の字を描くようにボールを回す

## ドリル 3 ドリブルを2回突いてからパス

全力で
30秒間行う

キャッチしてコアを捉え、素早く強いパスを出す

素早く2回ドリブルを突く

## ドリル 4 自由にドリブルをしてからパス

全力で
30秒間行う

キャッチしてから素早く強いパスを出す

複雑な動きを
することで
自分をさらに
成長させてくれる

自由にドリブルを突く

### パススピードが上がる4つの球際強化ドリル

「パスを速く出そう」という考えがあるから速いパスが出せます。全力で取り組むことで、必要な筋肉（インナーや体幹）が強化されるからです。

ここでは私が練習で毎回行っていたプレーと連動して速いパスを出す練習方法を4つ紹介します。

この練習で大事なことは、全力でやりきることです。それぞれ30秒間、自分の限界を突破するように全力でやり込みます。素早く動くなかでファンブルしても問題ありません。そこで動きを止めずに30秒間動き続けます。また全力でパスを出そうとすると、自然に声が出ることもありますが、それもとてもよい傾向です。とにかく全力で自分の限界を突破するように取り組んでみてください。

## 問題⑥

# パスを出すまでの動きがぎこちない

### 正答例

動画はこちら

**1** 突く・持つ・放つという一連の動きをスムーズに素早く行う

### ドリル1 ノーマルバージョン

1
視線のチェック&
パスを受ける役
ドリブルをしながら
周辺視野を使い、
手が挙がったらパ
スを出す役

コートのサークルを使って行う。ペアになりドリブルを突く選手はサークルの中、パスを受ける選手はサークル外に立つ

2

ドリブルをする選手は顔を上げながら様々なドリブルを行う。パスを受ける選手は視線が上がっているかをチェックする

3

パスを受ける選手は6秒に1回程度左右どちらかの手を挙げる

4
30秒間や
1分間など
時間を決めて
この動きを
繰り返す

ドリブルをしていた選手は1秒以内に挙げた手にパスを出す

## ドリル 2 発展バージョン

1

両者の役割は同じだが、パスを受ける選手はサークルの外を動き回る

2

ドリブルを突く選手は360度の状況を把握しながら様々なドリブルを突く

3
全力で
ドリブル
フットワークを
行う

パスを受ける選手は6秒に1回程度、動きながら左右どちらかの手を挙げる

4
正面だけ
でなく背面や横、
立体的な
パスも出す
30秒間や
1分間など
時間を決めて
この動きを
繰り返す

パスを受ける選手がどこにいても1秒以内にパスを出す

### ペアで行う突く・持つ・放つの一連の動きの強化ドリル

コートのサークルを使ってドリブルをする選手と外でパスを受ける選手というペアで行います。ドリブルをする選手はいろいろなドリブルを突いて動き回ります。フロントチェンジやレッグスルー、ビハインドやインサイドアウトなど、フットワークを使って行います。このときに気をつけることは視線です。床を見ずに周辺視野で周りの状況を把握します。同時にパスを受ける選手はドリブルを突く選手が床を見ていないかチェックをしてください。そしてドリブルを受ける選手は6秒に1回程度、左右どちらかの手を挙げます。手が挙がったらドリブルをしている選手は1秒以内に挙げた手にパスを出します。

問題⑦

# ゴール下に落とすパスがカットされる

## 正答例

動画はこちら

**1** ディフェンスに読まれにくい動きをする

## ✕ 4つの部分がリンクするとカットされやすい

ステップ、ボディ、ボール、目線がリンクして動くとパスコースが読まれやすくなる

その結果、容易にカットされてしまう

## ○ 4つの部分のリンクを外し、腕が止まった瞬間にパスする

視線を下げることでディフェンスは手を下げて止める

その瞬間に頭の上を通すようにパスを出す

## ４つの部分がリンクしないようにする

ここではゴール下にパスが通せないケースの解決策を紹介します。ここでも基本的な考え方は１０６ページで紹介した身体の４つの部分の組み合わせになります。４つの部分とは、①ステップ②ボディ③ボール④目線です。この４つがリンクしてしまうと、ディフェンスは容易にパスコースを読めるため、カットされる確率が高くなってしまいます。それを避けるためには、４つの部分がリンクしないようにすることです。例えば視線を下に向けることでディフェンスに「アタックを仕掛けてくるのか？」と思わせておき、頭の上を通してパスを届けます。またポイントになるのは、ボールを頭の上で構えることです。その理由はディフェンスが手を挙げることにストレスを感じるからですが、それはこの後詳しく説明します。

## 腕を挙げ続ける動作はストレスが高くなる

ディフェンスにとって腕を挙げ続ける動作はストレスがかかります。実際にやっていただくと、意外と腕を挙げ続ける動作がきついことがわかります。また腕を挙げ続けていると、サイドからアタックを仕掛けられた場合に、すぐに反応することができません。これもストレスの原因です。

また腕の動きですが、腕を上下に動かし続けたり、上から下に下げる動作は多くの選手が素早くできます。その一方で、いったん止めた手を動かす動作はほとんどの選手が素早くできません。つまりボールを上で構えて視線を下に向けた時点で、ディフェンスは手を下げて止める動きをします。その状態からすぐに手を挙げることができないため、頭の上からパスを通すことができます。

そして自分が頭の上でボールを構えておくことで、ディフェンスの手が止まった瞬間にパスを出すことができます。もしもボールを構える位置が下がってしまったら、パスを出すまでに時間がかかってしまいます。このようなポイントに気をつけて練習に取り入れてみましょう。

問題⑧

# 選択肢が一つしかない

## 正答例

動画はこちら

1. 2つから3つの選択肢を持ってプレーする
2. DFがカバーに来たら必ず味方の誰かが空くという視点を持ち続ける

## × 選択肢が1つしかないプレーの例

選択肢が1つしか持てていないと

相手に読まれやすく容易にカットされてしまう

## ○ 複数の選択肢があるプレー例1

複数の選択肢を持ちながら全体の状況を把握する

左側の味方がオープンになる

そこにパスを届ける

シュートを決めてもらう

## 味方についているDFがカバーに来たら誰かが空く

皆さんはいくつの選択肢を持ってプレーしているでしょうか？　クリニックなどで感じることは、例えばドライブの時にリングしか見ていなかったり、ペイントタッチからのキックアウトでコーナーの選手しか見ていないなどがあります。これは非常にもったいないことで、周りを見ると対角45度の選手にパスができたり、中でスペースするインサイドの選手に合わせのパスを届けることができたりします。

コートには、自分以外の味方プレーヤーが4人います。基本的に4人についているディフェンスの誰かが自分にカバーに来たら、必ずその味方が空くようになっています。ですからドライブを仕掛ける前は常にその視点を持ち、ディフェンスが自分に寄ってきたら賢くパスで突いていきたいものです。以前にも紹介した「オープンマンセオリー」です。

できればその後のプレーの選択肢を2つから3つ持ち、アタックを仕掛けていきましょう。この選択肢の基本ですが、味方には自分の進行方向側に合わせてもらうとミスが少なくなります。

### 複数の選択肢があるプレー例2

1 複数の選択肢を持ちながら全体の状況を把握する

2 スペースが見つからない場合のプレーを選択

3 リバースして味方を呼び込む

4 味方にパスを届けて次のプレーにつなげる

問題⑨

# パスコースが作れない

## 正答例

1 ディフェンスを動かしてボールの通り道を作り出す

動画はこちら

ディフェンスを動かすことでボールの通り道ができる

パスとディフェンスを動かすことの両方を大事にする

## ドリル 1 パスコースを作れるようになる3対2ドリル

手前は間接視野で、奥は直接視野で見る

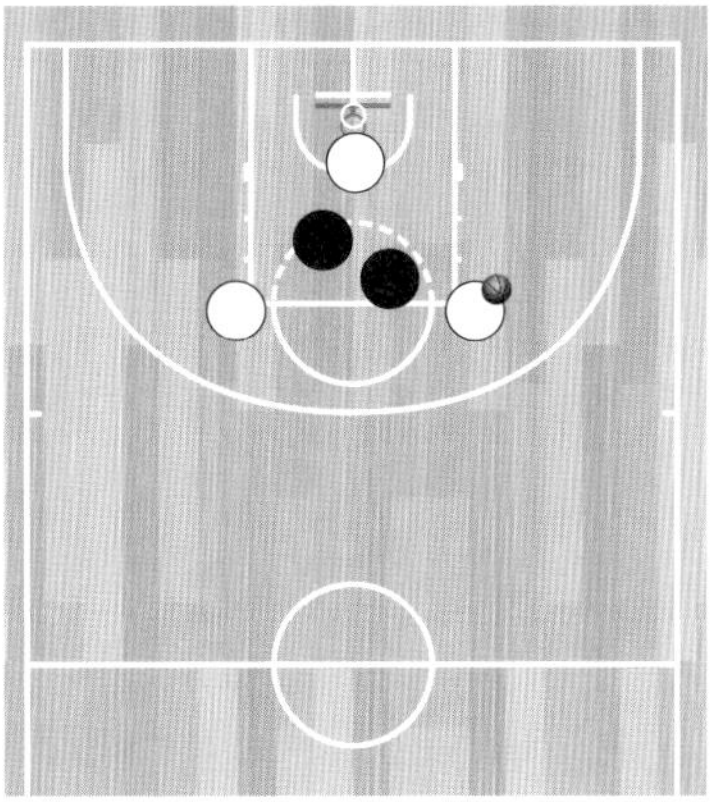

このように3対2になる

奥のディフェンスを動かしながらパスを回していく

### ディフェンスを動かして パスコースを作り出す

パスカットされる選手に多い動きは、自分と受け手の間にいるディフェンスを動かせていないことです。自分が左右や前後に動くことによってディフェンスも動くため、パスコースを作り出すことができます。ボールを正確に味方に届けることも大切ですが、間にいるディフェンスを動かす感覚も持つようにしましょう。

そのためのドリルも紹介します。オフェンス3人とディフェンス2人の5人1組になり、オフェンスが三角形を作ってパスを回します。

その際にパスを出す選手は、目の前ではなく奥にいるディフェンスを動かすように駆け引きします。そのためには、目線は奥のディフェンスに置き（直接視野）、目の前のディフェンスはなんとなく捉える（間接視野）ようにします。

その意識を持ちながら1分間や3分間など時間を決めて、パスを回していきます。

問題⑩

# 2、3手先が見えない

## 正答例

動画はこちら

1 ノーマークを創り出す意識でプレーする

2 タメを作りDFが動くのを待つことも大事

### 自分から仕掛けてノーマークを生み出す

攻めあぐねたり、攻撃の糸口がつかめない場合に多いのは、2手3手先のプレーを想定していないことです。これまで述べてきましたが、何も仕掛けなければノーマークは生まれません。ノーマークとは自分で創り出すことが必要です。

自分の目線や身体の向き、フェイクなどを使うことでディフェンスの位置関係が変わります。そしてすぐにノーマークの選手が生まれることもあれば、2～3秒後にノーマークが生まれることもあります。仕掛けてダメならすぐ次という攻め方もよいのですが、ときには少し待つことも有効です。

そうしてDFの動きを読みながら2手3手先にどのようなパスを出せるかというシミュレーションを、1つではなく複数持ちながらプレーを展開しましょう。

### 映像を見ながら先を読む能力を磨く

2手3手先にパスを出せるようになるためにはセンスが必要です。そしてそのセンスは自分のプレーや人のプレーを見て、「どこに空きが生まれるか」を分析することで磨いていけます。「NBAやEUROリーグなど、質の高いプレーをたくさん見なさい」と言われたことはありませんか？　よく見ている方の多くは、質の高いプレーを真似したり練習したりするでしょう。ところが「どこに空きが生まれるか」「自分ならこの先どう展開するか」という視点で見ている人はそこまで多くないと思います。

自分たちのプレーや質の高いプレーを見て分析をしながら、それらのプレーを記憶にストックしていきましょう。その積み重ねが先を読むセンスになり、試合で発揮できる日がきます。

## 先を読むプレーの例 1

事前にヘルプの位置を見ている

目線と身体の向きはそのままでオープンな味方にビハインドパス

味方がシュートを打つ

## 先を読むプレーの例 2

目線を下げてDFの意識をドライブにフォーカスさせる

コンパクトなモーションで空間にパスを投げる

キャッチした味方がそのままシュート

コラム
05

# あなたもチームを動かす一人だよ

バスケットは本当にたくさんのことを教えてくれるスポーツです。その中でぜひ学び、取り組んでもらいたいことが「人任せにしない」ということです。選手たちに伝えているメッセージに「チームがどう動くのかを待つのもよいけど、忘れてはならないのはあなたもチームを動かす一人だよ」というフレーズがあります。

チームで物事に取り組む際に、「人任せにするのか自分から動くのか」「受け身になるのか、前に出るのか」「言われて動くのか、動かすのか」「指示待ちか、自分主導か」「思考停止するのか、考え続けているのか」。このスタンスの違いは、人生のあらゆる場面で差となって表れます。ぜひ後者を選び、そこから得られる素敵な体験を手にして欲しいと思っています。

また「やらされる」ではなく、自分たちで自己決定していく体験もして欲しいと考えています。練習で意識すべき大切なポイントも、コーチに言われたことなのか、自分たちで言葉にしたことなのかで、定着の度合いがまったく異なります。

選手たち自らが思考し、導き出し、口に出し、実践したその考えは、コーチの何十回の指示よりも価値があることだと私は思います。では「どうしたら選手たちの主体性や考える力が身につく」と思いますか？　答えの一つは質問をすることです。縦（主従・上下）の関係でのティーチングだけでなく、横の関係のコーチングも取り入れていくことです。このことについても様々なアプローチがあります。本書や今後の活動を通じ、「考えるバスケットコーチング」として伝え、広めていきたいと思います。

PART

6

# 受け手が意識すること

# パスがもらえない選手は動いて声を出す

## × パスがもらえない選手に多い動き

ボールをもらおうと動くもののディフェンスに隠れてしまってパスの選択肢に入らない。また声も小さいことが多い

## ○ パスがもらえる選手に多い動き

常に動いてディフェンスのマークを外そうとする。また大きな声やジェスチャーでボールを呼び込む

### ディフェンスをはがして声で呼び込む

パスがもらえない選手は、①ボールを持つ選手から隠れた場所にいる②隠れた場所から移動しない③移動をしても声などでアピールすることが少ないと感じます。例えばボールをもらおうとしてコーナーに走っていったとします。そこにディフェンスのマークがあると、パスを出したくてもカットされる確率が高いため、他の選手へのパスを選択しやすくなります。シンプルなことですが、この点を見直し改善することで、パスをもらえる機会がぐんと増えます。

動画はこちら

PART 6 パスをもらうために②

# よいキャッチをするためにはボールのコアを捉える

## 片手でキャッチしてパスを出す練習

ボールをもらいたいほうの手（ターゲットハンド）を挙げる

片手でボールのコアを捉えてキャッチする。この感覚が重要になる

### コアを捉える感覚を磨くことが大切

バスケットボールでは、どのプレーをする場合でもボールの中心（コア）をしっかりと捉えることが大切です。そのためには片手キャッチをしてパスを出す（持つ→放つ）練習をし、ボールのコアを捉える感覚を身につけましょう。動画では片手キャッチの感覚を養うドリルを紹介しています。はじめは失敗してもよいので、まずはコアを捉える感覚を養ってください。そうすれば両手でのキャッチも確実にできるようになります。

動画はこちら

# 5つのDでよいポジション取りをする

動画はこちら

## スペーシングで重要な5つのD

ドライブはドリブルでアタックすること

### よいポジション取りには5つのDが重要

パスを中心にオフェンスを組み立てるパッシングでは、よいポジションを取ることが重要です。そしてよいポジションを取るスペーシングのためには、5つのDが重要になります。それが①ドライブ、②ドリフト、③ドラッグ、④ダイブ、⑤ディフェンスです。ドライブはドリブルでアタックをすること、ドリフトはドリブルで進む先に合わせる動きです。ドラッグはポジション移動した選手に引っ張られるように動いてスペースを穴埋めすること、ダイブは

ダイブは飛び込むような動きで一気にゴールに走り込むこと

ドリフトはドリブルで進む先に合わせる動き

ディフェンスは、シュートが外れた場合に備えてセーフティなポジションを取ること

ドラッグはポジション移動した選手に引っ張られるように動いてスペースを穴埋めすること

飛び込むような動きで一気にゴールに走り込むことになります。そして最後のディフェンスは、シュートが外れた場合に備えてセーフティなポジションを取ることです。この5つの動きを意図的に組み合わせることで、スコアにつながるパッシングができていきます。

## 常にボールと人を動かすことを考える

5つのDを使い、ボールと人を動かしてパッシングを行います。ボールを確実に回すことも大切ですが、チャンスがあれば積極的に仕掛けていくことも大事です。そのためにはパスの出し手も受け手も複数の選択肢を持ちながらプレーし、お互いに意思の疎通が重要です。普段の練習からお互いに求めるプレーを話し合いながら行ってください。

# 日頃から速いパス交換でキャッチ力を磨く

## ✕ 練習時のパスが遅い

パススピードが遅いとパススキルもキャッチングスキルも向上しない

ディフェンスにもカットされやすくなる

### 日頃の練習から速いパスをキャッチする

試合で「速いパスをキャッチミスしてしまうのですがどうすればよいでしょうか？」という相談をよく受けます。この答えはシンプルで、日頃の練習から速いパスを出し、速いボールのキャッチに慣れることです。バスケットボールには基本的にできないプレーはないと考えています。できないことがあるとすれば、その理由はやっていないからです。普段の練習から速いパスを出すことでキャッチング能力が高まります。

動画はこちら

## ○ 練習から速いパス

練習から速いパスを出すことが重要

速いパスを出すことでパススキルもキャッチングスキルも向上する

パスをつなぐにはディフェンスを押さえることも重要

いろいろな速いパスをキャッチする練習を繰り返す

### ただキャッチするだけでなくDFとのやり取りも重要

速いパスをキャッチしようとすると、慣れないうちはキャッチすることだけに集中してしまいがちです。試合でパスをキャッチする状況では、ほぼディフェンスがついています。そのため、まずはディフェンスを押さえておき、そこからキャッチするという複合的な動きが必要です。表に張ったり裏を取ったり、逆サイドに流れたりとディフェンスとの駆け引きをまじえながら行ってください。

また出すパスも単純なパスだけでなく、バウンズや横から、あえて悪いパスなど、実践を想定したパスを出すことで、キャッチング能力が上がります。このような練習を行うことで、パスやスペーシングも含めた総合的な能力向上にもつながります。

コラム
06

# 間違ってもいい。まずはやってみよう！

バックビハインドパスは結構勇気のいるパスです。他のパススキルと違って自分のブラインドから出すため、「正確性」という壁に突き当たります。正確に言うと「正確性をいったん手放す」という自分自身の心の壁にぶち当たります。　誰だって、コップの水をあえてひっくり返すようなことはしたくないものです。ところがバックビハインドパスは、その類の勇気が必要になります。「失敗をおそれず踏む込む勇気」「正確な道から踏み外す勇気」「周りが止めとけと言うことをやる勇気」。バックビハインドパスのはじめの一歩は、このような大胆なチャレンジ精神を発揮することだと感じます。ぜひ失敗をおそれず、果敢に挑んでください。そして選手が思いきってチャレンジできるように、コーチの方々には「いいよ！まずはやってみよう！」という空気づくりをお願いしたいです。スキル習得の前に、まずはメンタルのブレーキを取っ払う土壌を創ること。「間違ってもいいんだよ、まずはやってみよう！」そのような声がけを、僕が尊敬する相模女子中の田島先生も毎日のように行っているそうです。「チャレンジの土壌がないところにスキルは建たない」。そんなふうに思います。

これからの時代、過去30年の指導とは考え方を変えていく必要があると思っています。「ただ正解を暗記するのではなく、自分で決めたことを正解にしていく」「現状維持を手放し、やったことのないことに挑戦していく」「成功重視ではなく、失敗を財産にする」。目先の正しさよりも、チャレンジや失敗に重きを置くことで、未来につながる強さや生き方を手にできるように思います。このことを「バスケットを通じて体験して欲しい」と考えており、そのためには、まずは大人が思考を変えていく必要があります。指導者が自らもチャレンジをし、選手たちのチャレンジや失敗を大きく受け止める。これが絶対に必要なスタンスだと考えています。

PART
7

# パスに対する
# ディフェンス

# 相手の目線やクセを読んでパスカットする

## モーションに合わせてカット

パス方向を見る

パスを出す構えをする

ボールを放つ。このモーションに合わせて動くことでカットがしやすくなる

動画はこちら

### パスを出す3つのモーションに合わせる

これまではディフェンスにカットされないためのパスをお伝えしてきましたが、このパートでは自分がディフェンスになったときのポイントを紹介します。ディフェンス側になったときの考え方や心理への理解を深めることで、よりよいパスを出せることにもつながります。

すでに紹介しましたが、パスを出す動作で多いのは「見る」「構える」「放つ」という3ステップを踏むことです。こちらもそのモーションに合わせて動くことでカットがしやすく

# 両手で保持する瞬間を狙う

ドリブルをしていても…

最後は必ず両手でボールを保持する瞬間がある

両手で保持するタイミングに合わせて手を伸ばす

そうすることでカットできる確率が高くなる

なります。特にオフェンス側の選手が弱腰になり、「ボールを奪われたくない」という心理から責任転換のパスを出す場合があります。このような選手のパスは狙い目です。

## ボールを両手で保持する瞬間を狙って手を出す

角度をつけて出すパスに対するディフェンスですが、多くの選手はパスを出す直前に両手でボールを保持する（ピックする）時間ができます。その瞬間を狙って手を出すことで、浮いたボールをカットできることがあります。またカットができなくてもファウルにならない程度に相手の手に触れることで、オフェンス側はストレスがかかります。すると以降は「気持ちよいパスが出しにくくなる」という心理面への効果も期待できます。

# ディナイにひと工夫を入れてパスカット

## 通常のディナイ

完全にパスコースを遮断するように守る

## ひと工夫したディナイ

伏目気味にして腕を下げる。こうすることでパスコースがあるように見せる

### パスコースを遮断せず瞬時に動いてパスカット

オフェンス側が45度のウイングに落としてくるパスのカットを狙う動きを紹介します。ボールマンに対して半身になり背中を向け、パスコースを遮断するディナイというディフェンススタイルがあります。完全にパスコースをシャットダウンする場合はこれでよいのですが、ここでひと工夫を入れることでパスカットが狙えます。上の写真で比べて欲しいのですが、通常のディナイに対して目線は少し伏目がちにし、腕も少し下げておきます。こうすることでボ

動画はこちら

## ひと工夫のディナイからのカット

ボールマンのDFがしっかりとプレッシャーをかけていることを感じながらひと工夫したディナイの構えをする

パスを出した瞬間に素早く動き出してカットを狙う

## オープンからのパスカット

オープンに構えて止める姿勢を見せ、ボールマンにキックアウトを選択させる

ボールマンがピックした瞬間に動き出してカットを狙う

ールマンは「安全なパスコースがある」と判断し、ウイングの選手にボールを入れようとします。その瞬間に動き出してカットを狙います。これが1つの動きです。

**オープンで構えてピックした瞬間にカットする**

もう1つの動きですが、相手のドリブル突破が強い場合はオープンで構えます。ボールマンは戦術的にキックアウトのパスを狙うことがあるため、そのパスをカットします。ボールマンがボールをピックする瞬間まで、コースを守ることだけを考えているように見せます。そしてピックした瞬間に動き出して、カットを狙います。チャンスであればカットからレイアップが狙えたりするため、ぜひ駆け引きとして取り入れてください。

# 相手の戦術を先読みしてパスカット

## スティールの例1

必ずキーマンにボールを入れてくることを先読みしたプレー

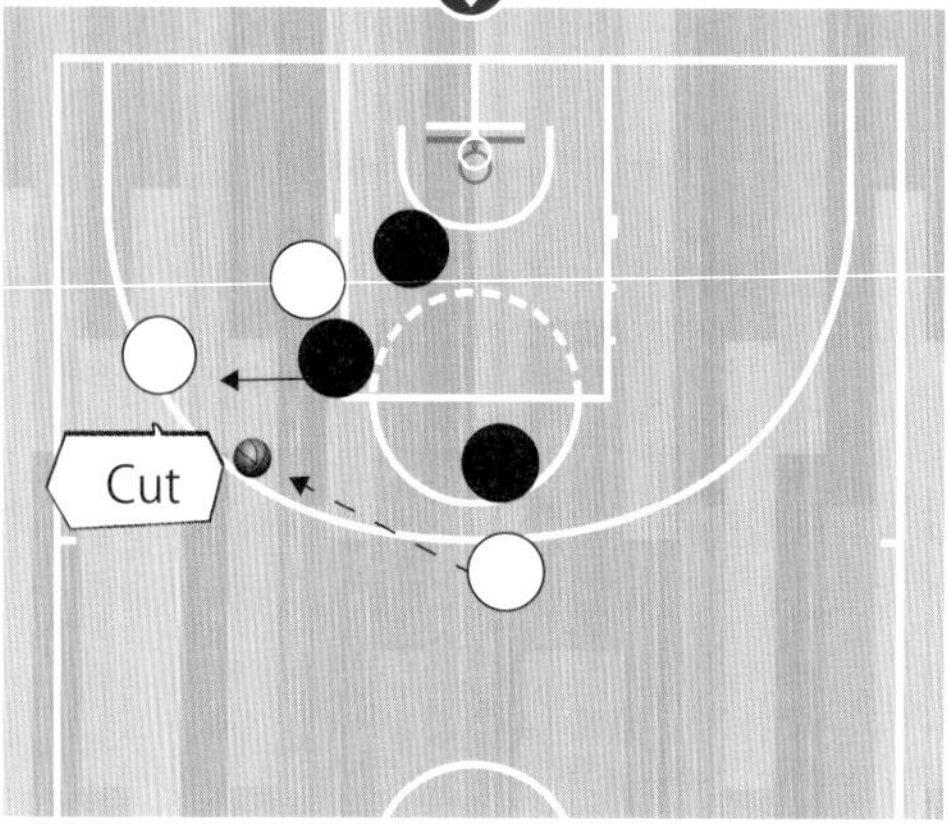


スクリーンにかかったふりをしておき、パスを出すタイミングで反転してカットする

### 相手のプレー展開を先読みしてパスカット

パスを中心に回してくるチームに対しては、積極的にスティールを狙ってよいと思います。例えば上の図「スティールの例1」では、相手が戦術上、キーマンとなる選手にパスを入れる展開が往々にしてあります。そこでスクリーンに掛かったふりをしておき、パスカットを狙います。早めにカットに動くとパスを止められるので、タイミングが大事です。このように相手のプレーを先読みして、積極的に動きましょう。

動画はこちら

## スティールの例2

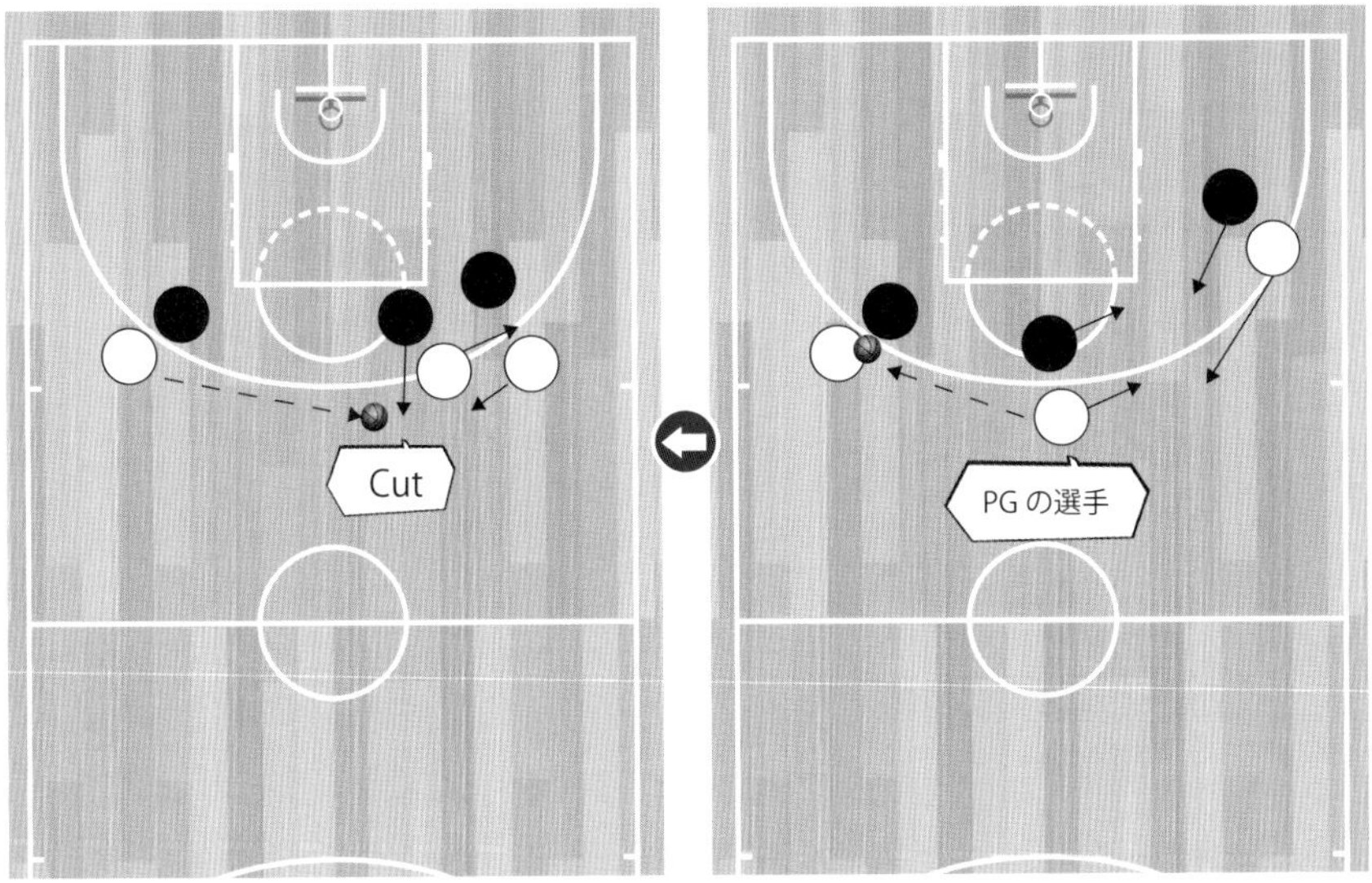


PGについていくふりをしてマイナス方向へのパスをカットする

PGの選手がパスを出してからアウェイカットに動くことを先読みしたプレー

## スティールの例3

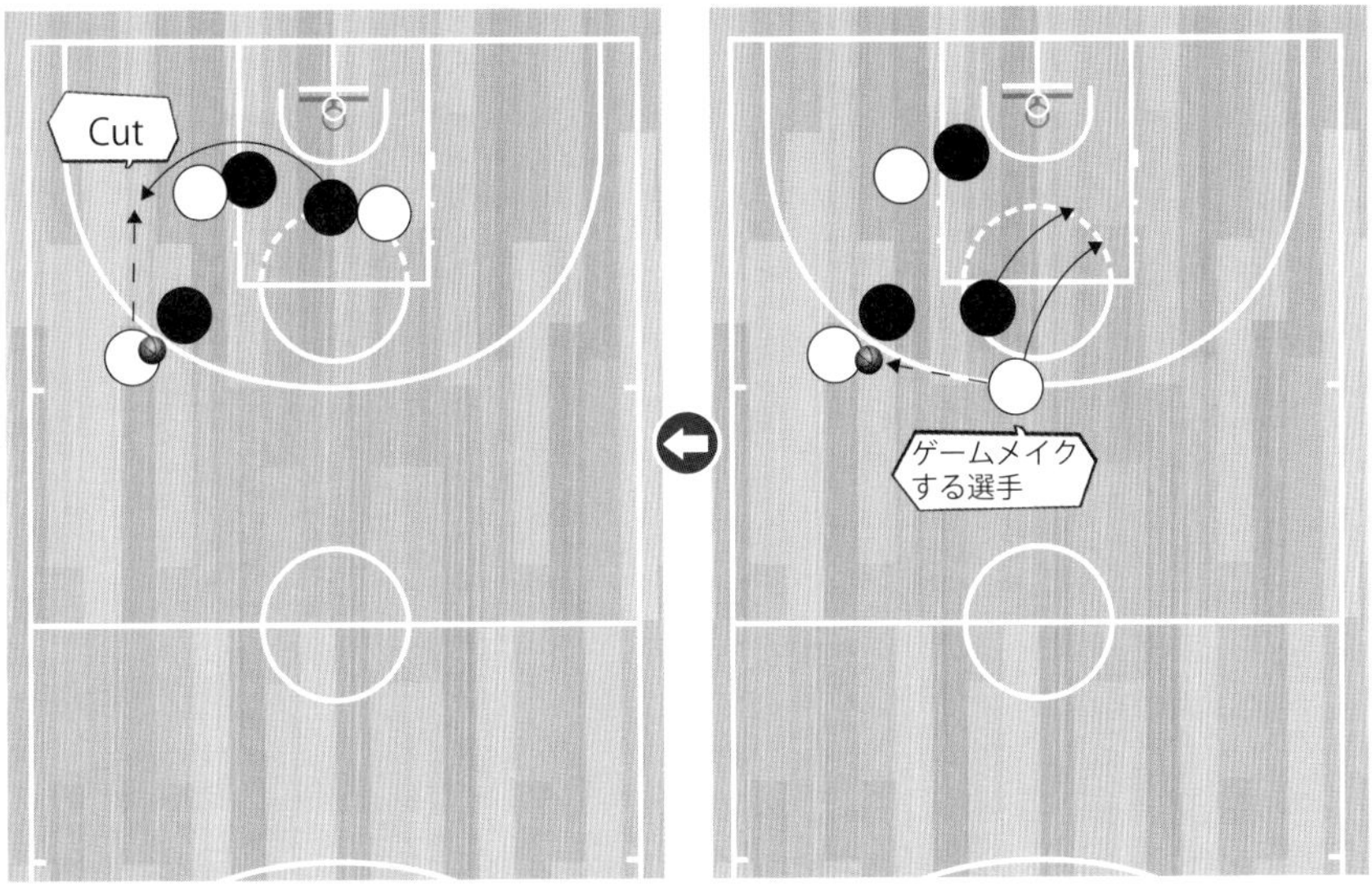


PGについていくふりをしてローへのパスを横目で見ておき、パスがいった瞬間にブラインドからスティールを狙う

PGがパスを出してアウェイカットした際にローにボールを収めることを先読みしたプレー

# 相手のペースを乱してスティールを狙うトラップ

## スティールの例1

1

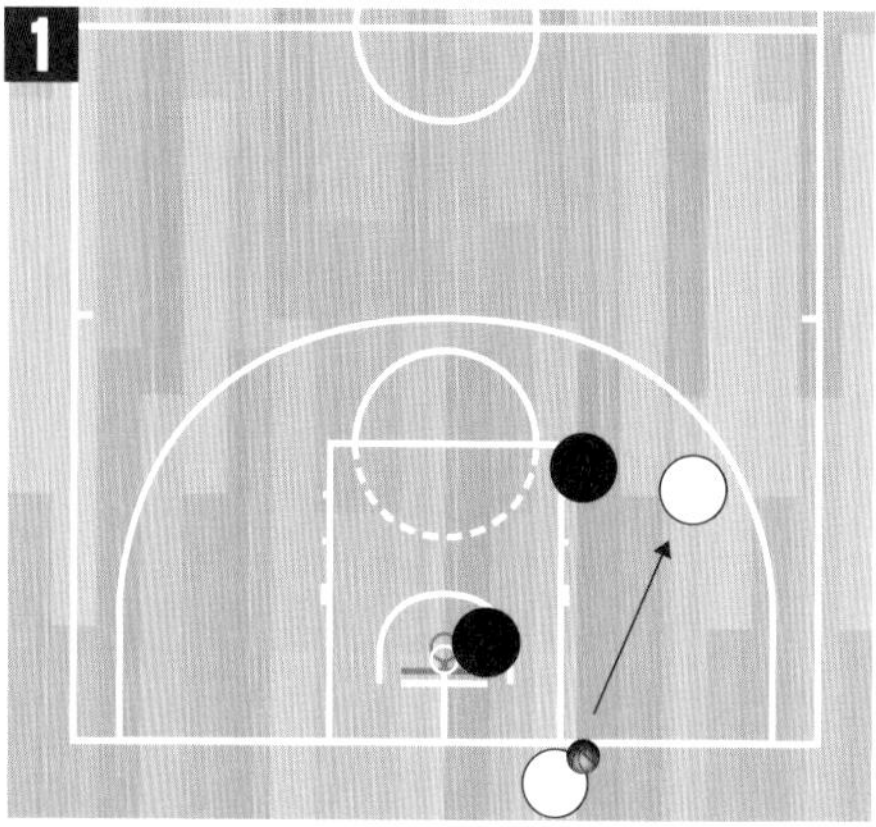

トラップが成功するカギは通常運行から一気にギアを上げること。それまではトラップ狙いを悟られないように通常どおりプレーする

2

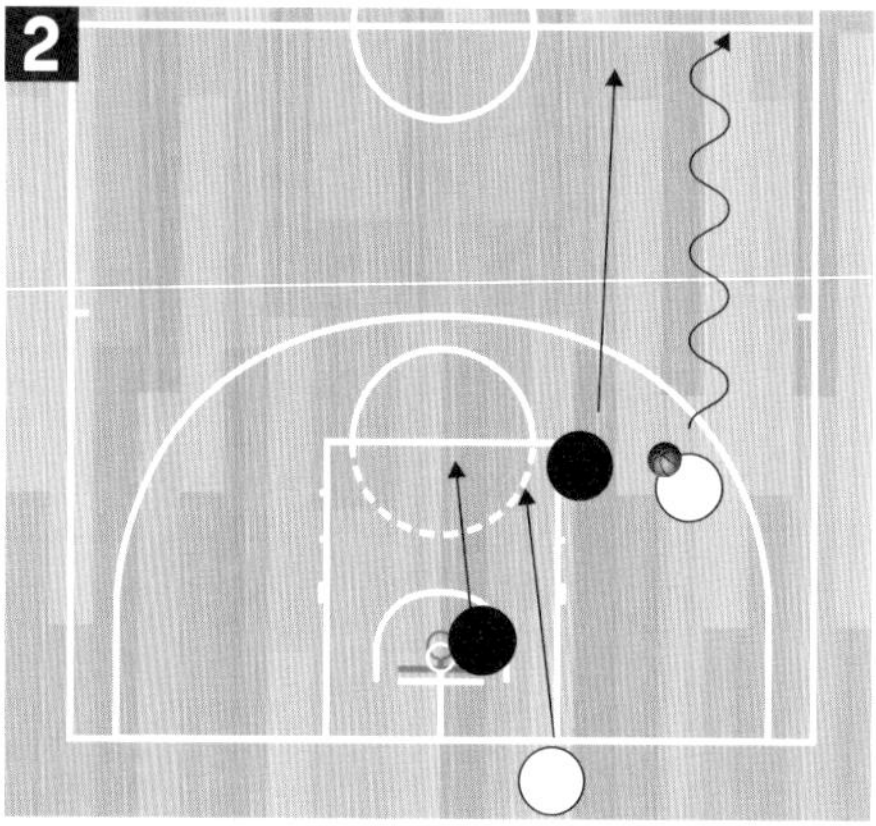

ハーフラインまではいつものペースでついていく。追従する選手もいつもどおりに動く

**いつも通りのディフェンスから一気にギアを上げて封じ込める**

ボール運びをする相手にトラップを仕掛けてスティールをするプレーです。まずはハーフラインまでは普通にボールを運ばせ、ハーフラインを越えた瞬間に一気にギアを上げてダブルチームにいきます。その際に味方とコミュニケーションを取っておき、しっかりとローテーションをし、パスコースを遮断します。そしてボールマンが苦しまぎれに出したパスをカットします。トラップ狙いを表に出さずに、一気にチームで動くことが成功のポイントです。

動画はこちら

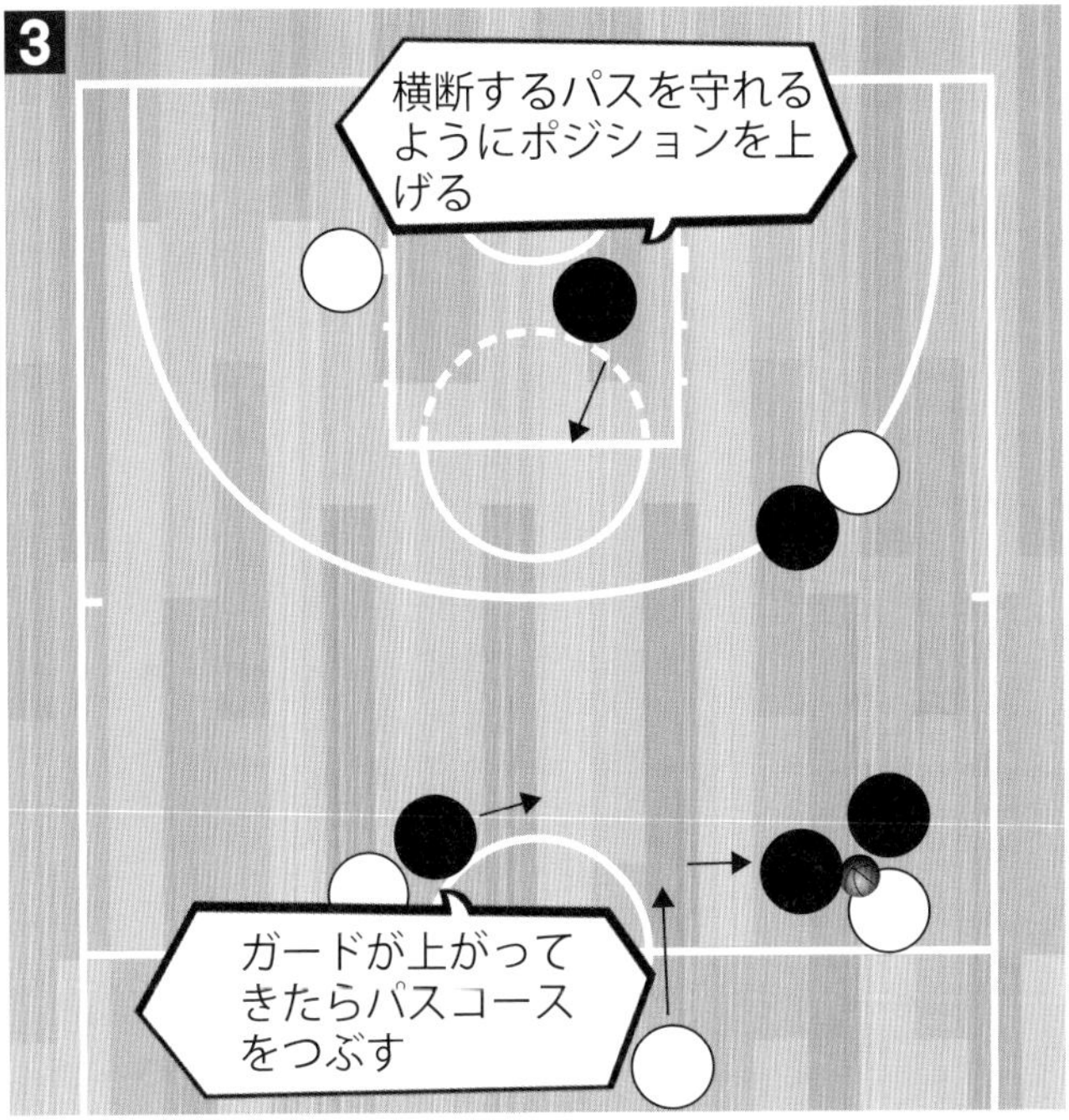
3
横断するパスを守れるようにポジションを上げる
ガードが上がってきたらパスコースをつぶす

ハーフラインを越えたら一気にギアを上げてダブルチームにいく。ダブルチームにいく前に周りの味方に合図をしておく。味方は近いパスエリアをシャットアウトする

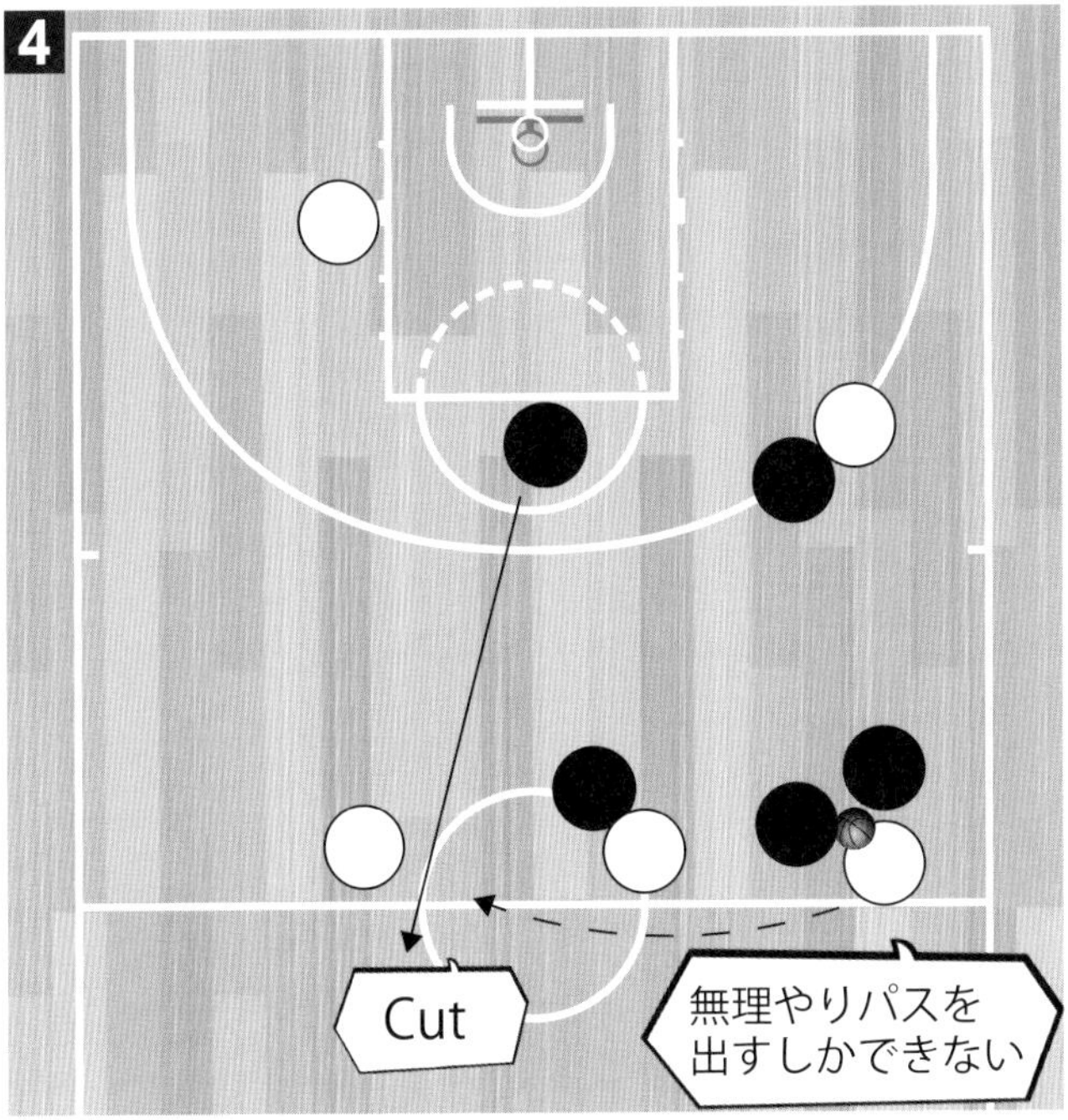
4
Cut
無理やりパスを出すしかできない

無理やり出したパスを狙ってスティールする

# ゴール下のプレーをダブルチームで封じる

## ゴール下を封じてスティールを狙う

続いてゴール下をダブルチームで守りつつ、スティールを狙っていくプレーを紹介します。ダブルチームやトラップはギャンブルの要素があるため、チームで考え方とルールをしっかり決めておくことが重要です。

ポイントは誰がダブルチームにいくのかです。私は現役時代に3つの選択肢を用意していましたが、基本はボールを持っているオフェンスと対角の選手がいきます。ここでは一例を紹介しますが、動画では他のプレーも含めて紹介しています。

動画はこちら

### ダブルチームのポイント

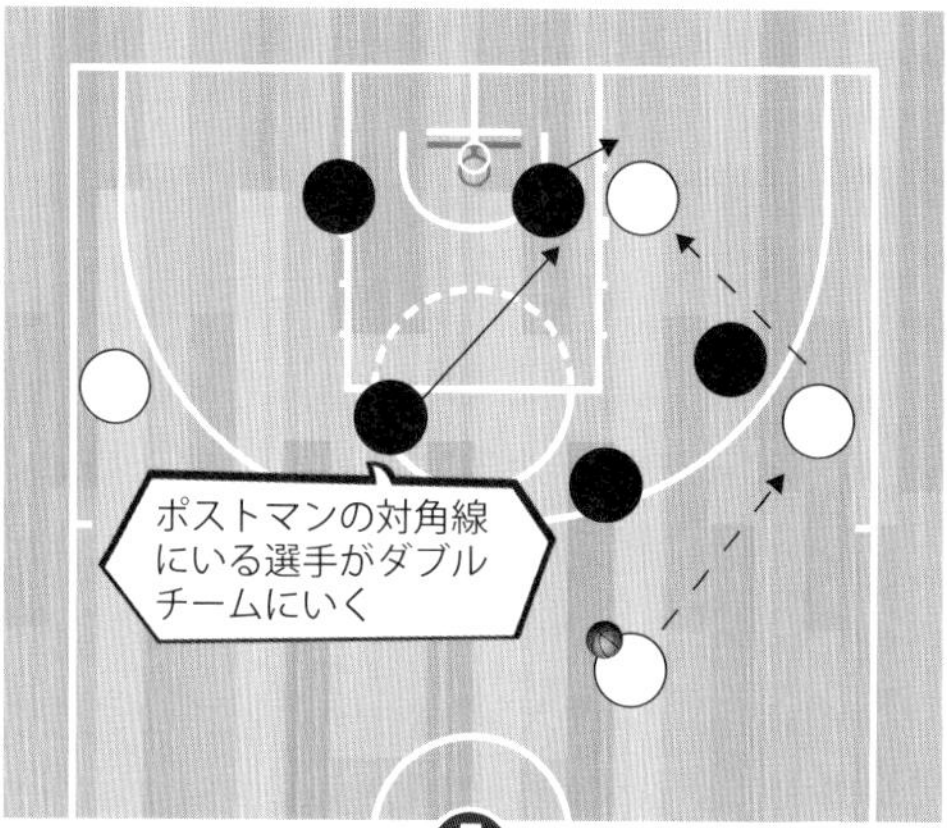
ポストマンの対角線
にいる選手がダブル
チームにいく

ダブルチームの基本はボールを持っているオフェンスの対角にいる選手がいくこと

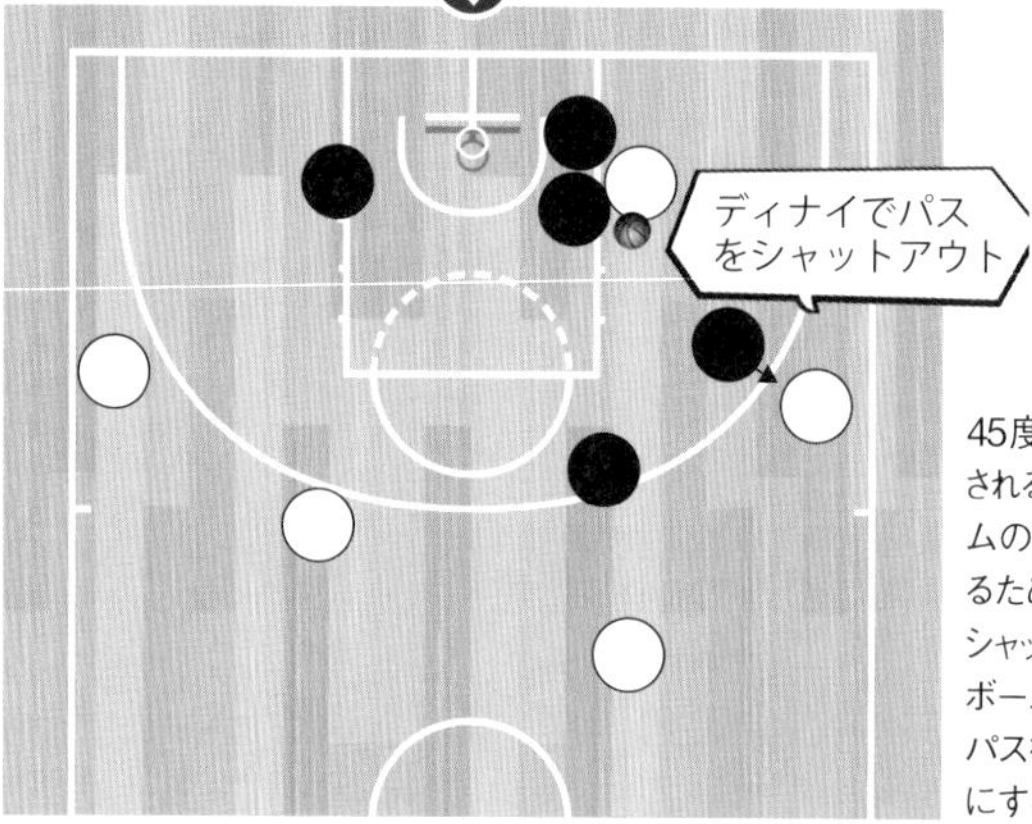
ディナイでパス
をシャットアウト

45度へのパスを戻されるとダブルチームの意味がなくなるため、ディナイでシャットアウトする。ボールマンに長いパスを出させるようにする

## ディナイの注意点

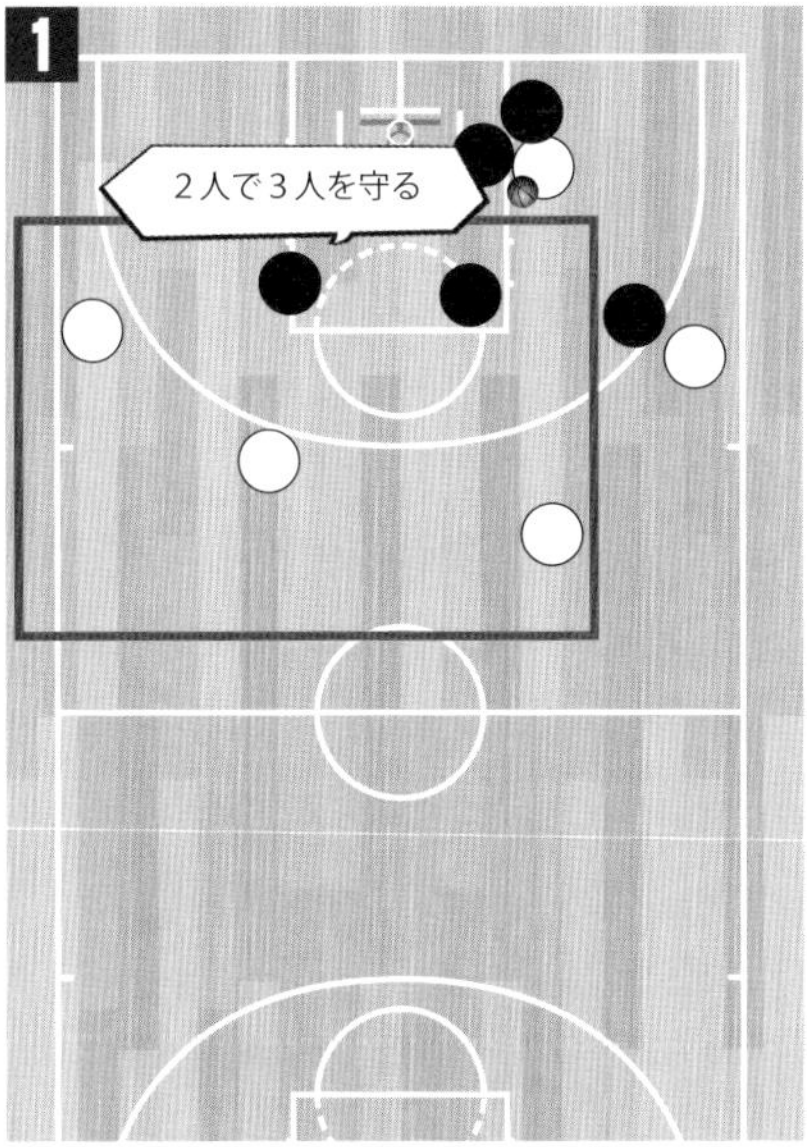
1
2人で3人を守る

ダブルチームに行った選手のローテーションを行い、2人で3人を守る

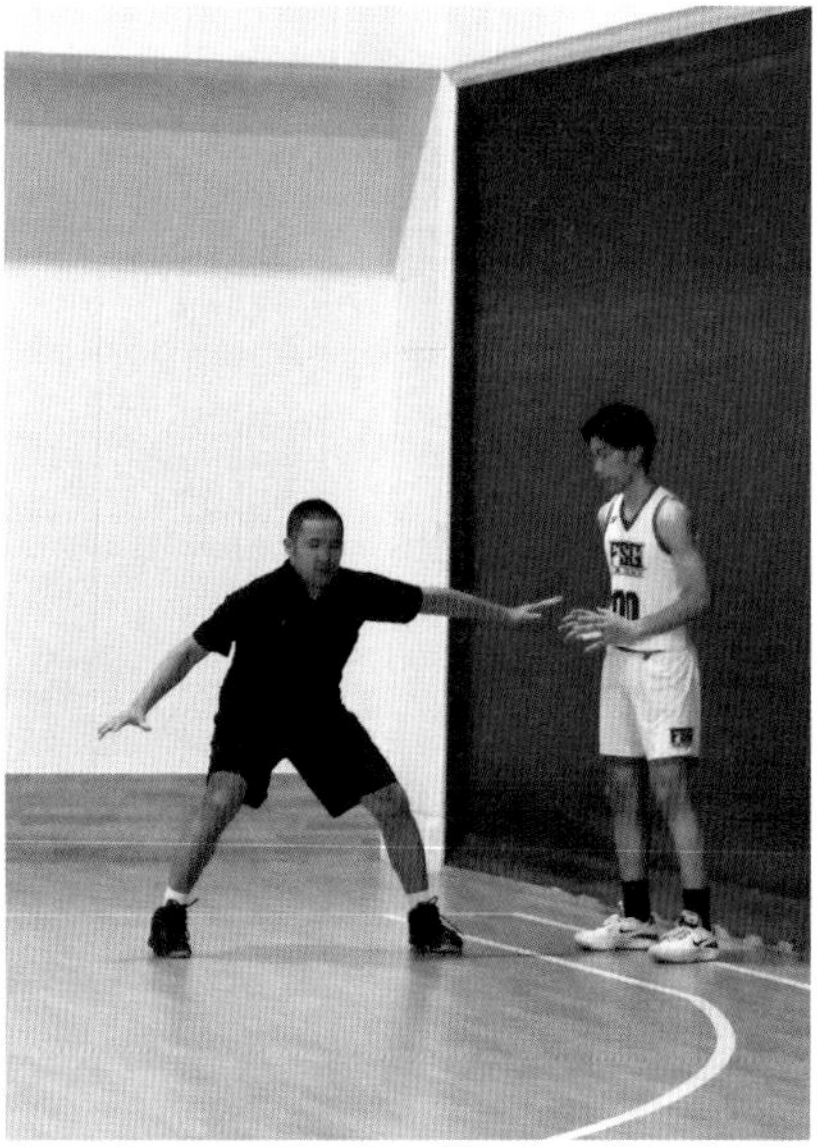

ディナイの選手はオフェンスがコーナーにシフトしないよう視野を残しながらつく

3
長いパスに対して
スティールを狙う

長いパスに対しては積極的にスティールを狙う。このプレーがこのトラップの一番の狙いになる

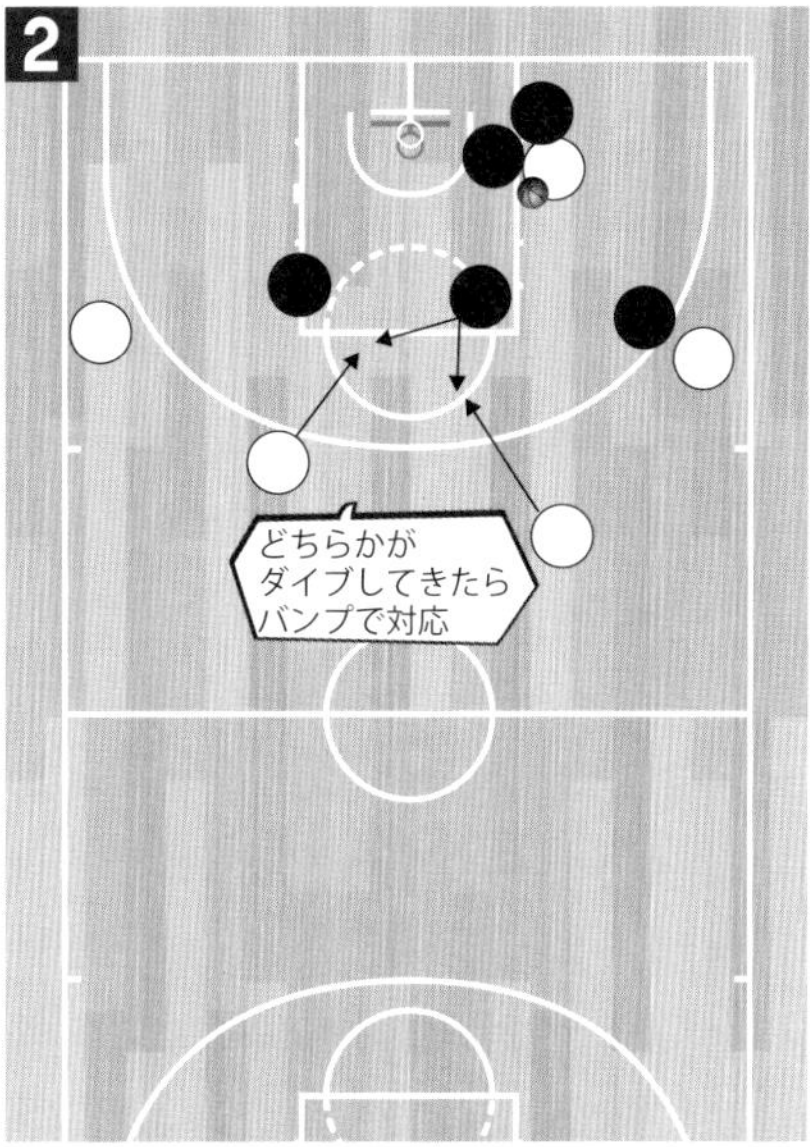
2
どちらかが
ダイブしてきたら
バンプで対応

ダイブしてきた選手に対して身体を使って相手にプレッシャーを与え（バンプ）パスが通らないようにする

# スクエアでボールを動かす選手はカットを狙いやすい

動画はこちら

## ボールを動かす範囲が狭いとパスを読まれやすい

肩から腰までのボックスの部分（スクエア）でボールを動かす選手がいます。このような動きの選手はボールが動く範囲が狭いため容易に動きが予測でき、カットがしやすくなります。そのためこのような選手に対しては、積極的にカットを狙っていきましょう。

また逆の立場で考えると、フットワークを使って身体のスクエアの外でボールを動かします。そうすることでDFに対して角度を作ってパスが出せます。

## ボックスの中でしかボールを動かさない

1
ボックスの中でしかボールを動かせないとパスの角度が作れない

2
動く範囲が限られているため容易にパスカットできる

## おわりに

### パスは人をつなぐアイテムであり、コミュニケーションが必要不可欠

本書では、「パスの可能性」や「パスで仲間と織りなすバスケットの楽しさ」について、私の考えをお伝えさせていただきました。「パスは深い」。「パスは凄い」。そのようなパスへの価値観が伝わっていると嬉しく思います。

パスは1対1やドリブル、シュートと比べてやや地味な印象を持たれがちですが、パススキルを高めていくことで本当に凄いことが起こせます。「前に走ればパスがくる」「ペイントに切れたらパスがくる」「ゴール下で張ったらパスがくる」「空いてたらエキストラパスがくる」。この"パスがくる"という安心と信頼が、選手たちのプレーにプラスαを生み出します。

パスは人と人とをつなぐアイテムであり、そのためにはコミュニケーションが必要不可欠です。今の時代は手軽にスキルアップの情報を集めて実践することができます。ところがコートで話すことや人を動かすこと、影響を与えるコミュニケーションスキルの重要性は、あまり強調されていません。しかし、バスケットで成果を出すためのショートカットは、実は後者だったします。

仲間と手を取り合い、協力し合う大切さややり方を本書に詰め込みました。本書での学びを通じて、プレーの幅が広がり、前向きなチャレンジにつなげられることを願っています。ぜひ最高のゲームを楽しみながら、仲間と素晴らしいバスケット人生を歩んでいってください。

考えるバスケットの会 会長　中川 直之

## 著者紹介


### 中川 直之（なかがわ・なおゆき）

1982年生まれ、山口県下関市出身。小学校4年時よりバスケットボールを始める。山口県立豊浦高校卒業後、専修大学に進学。大学時代は主要4大タイトルを制覇する（新人戦、春季トーナメント、秋季リーグ戦、全日本大学選手権）。実業団時代を含め10度の日本一を達成するなかで培った「バスケットスキル」に「メンタルコーチング」を融合させた独自の指導スタイルを確立。超実戦的ノウハウを紹介する会員制オンラインコミュニティ「考えるバスケットの会」を立ち上げ、全国各地でのクリニックやYouTube配信を行っている。得意なプレーはゲームメイク（ポジション：PG）。司令塔ならではのきめ細かな指導に定評があり、日本全国に15万人の支持者を抱える。プロとして活躍した中川和之は双子の弟である。著書に『考えるバスケットボール！ 超自主練66』『バスケットボール　魔法の1on1レッスン』（ともにエクシア出版）、『すぐに試合で使える！点が取れる！魔法のバスケレッスン』（宝島社）、『考えるバスケットボール 次のプレーは？』（イースト・プレス）がある。



## 制作協力

**FSG高等部 アスリートコース**
**男子バスケットボール専攻の皆さん**

●カバーデザイン
三國創市（株式会社多聞堂）

●本文デザイン＋DTP
三國創市（株式会社多聞堂）

●編集
佐藤紀隆（株式会社Ski-est）
稲見紫織（株式会社Ski-est）
http://www.ski-est.com/

●写真
眞嶋和隆


**考えるバスケットボール**
# 試合で勝てるパス


2023年8月26日　初版第1刷発行

著　者　中川直之©



発行人　畑中敦子

発行所　株式会社エクシア出版
〒101-0054 東京都千代田区神田錦町2-1-5

印刷・製本　サンケイ総合印刷株式会社





ISBN 978-4-910884-12-7　C0075

エクシア出版　ホームページ　https://exia-pub.co.jp/
Eメールアドレス　info@exia-pub.co.jp